上海高校服务国家重大战略出版工程

秦汉六朝字形谱

第五卷

臧克和　郭　瑞　主编

华东师范大学出版社

竹部

【竹】

《説文》：艸，冬生艸也。象形。下垂者，箁箬也。凡竹之屬皆从竹。

漢銘・內者未央尚臥熏鑪

漢銘・內者未央尚臥熏鑪

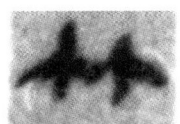
睡・日甲 5

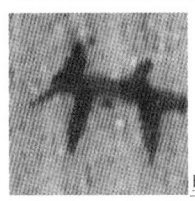
里・第八層 454

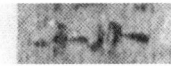
敦煌簡 0254

○戍卒下辨竹里

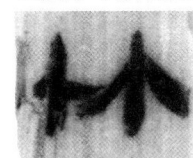
北壹・倉頡篇 11

○巴蜀筴竹筐篋

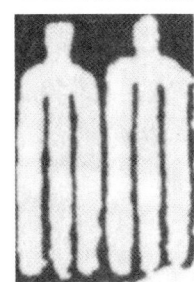
漢晉南北朝印風

○文竹門掌戶

漢印文字徵

○絲竹長印

東漢・衛尉卿衡方碑

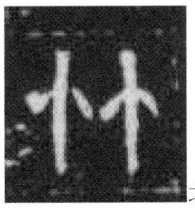
北魏・寇治誌

○夫緗竹以爲不朽

北魏・劉滋誌

○書於竹帛

北魏・元顯俊誌

北魏・元弼誌

【箭】

《説文》：箭，矢也。从竹前聲。

里·第八層 454
○竹箭

銀貳 1663

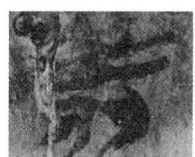
敦煌簡 1468
○矢箭

金關 T23∶530
○丸一箭五

北魏·元維誌

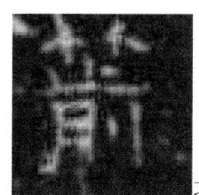
北齊·司馬遵業誌

【箘】

《説文》：箘，箘簬也。从竹囷聲。一曰博棊也。

【簬】

《説文》：簬，箘簬也。从竹路聲。《夏書》曰："惟箘簬楛。"

【簵】

《説文》：簵，古文簬从輅。

【筱】

《説文》：筱，箭屬。小竹也。从竹攸聲。

【簜】

《説文》：簜，大竹也。从竹湯聲。《夏書》曰："瑤琨筱簜。"簜可爲幹，筱可爲矢。

漢印文字徵
○賈簜

【薇】

《説文》：薇，竹也。从竹微聲。

【籢】

《説文》：籢，籀文从微省。

【筍】

《説文》：筍，竹胎也。从竹旬聲。

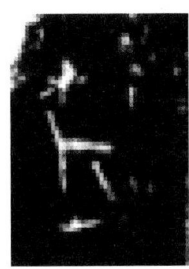
戰晚·筍鼎

漢銘·筍少夫鼎

漢銘·筍少夫鼎

馬貳 267_109/126

馬貳 263_66/86

○笋（筍）羮一鼎

銀貳 1192

秦代印風

○王筍

廿世紀璽印三-SY

○筍方

廿世紀璽印三-SY

○筍□

漢印文字徵

漢印文字徵

漢晉南北朝印風

北齊·房周陁誌

【筍】

《説文》：筍，竹萌也。从竹旬聲。

【箮】

《説文》：箮，竹箬也。从竹音聲。

【箬】

《説文》：箬，楚謂竹皮曰箬。从竹若聲。

嶽·質日 354

○酉宿箬鄉庚申己未

石鼓·作原

○亞箬其華。

【節】

《説文》：節，竹約也。从竹即聲。

漢銘·內者未央尚臥熏鑪

漢銘·楊鼎

漢銘·內者未央尚臥熏鑪

睡·效律 54

○官吏節（即）有

睡·法律答問 203

○客節（即）來

獄・占夢書 3

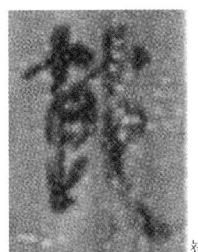
獄・數 151

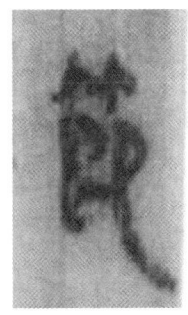
獄・學為偽書案 230

里・第八層 64

馬壹 141_24 下/166 下

馬壹 136_62 上/139 上

馬貳 79_216/203

張・田律 242

銀壹 846

銀貳 1187

敦煌簡 1708A

金關 T24:267A

武·王杖5
○比於茆（節）有敢妄罵詈

北壹·倉頡篇27
○任辜禮節揖讓

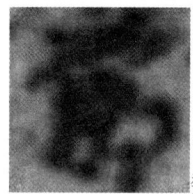魏晉殘紙
○用不莭（節）衣履

廿世紀璽印三-GP
○官莭（節）

歷代印匋封泥
○守節男家丞

漢代官印選
○符節令印

漢印文字徵
○韓莭（節）印信

漢印文字徵
○張莭（節）私印

漢印文字徵
○趙印雔節

漢印文字徵
○守節男家丞

漢晉南北朝印風
○立節將軍章

漢晉南北朝印風
○趙雔節印

東漢・張遷碑陰

○故吏范世蓜（節）錢八百

東漢・張遷碑陽

○歲在攝提二月震莭（節）紀日上旬

西晉・華芳誌

○晉使持莭（節）

十六國前秦・定遠侯誌

○杖節

北魏・元譿誌

北魏・溫泉頌

○魏使持節

北魏・楊無醜誌蓋

北魏・楊無醜誌

北魏・寇治誌

北魏・韓顯宗誌

○大魏使持節

北齊・傅華誌蓋

○齊故使持節

北齊・徐顯秀誌

○詔贈使持節

【篊】

《説文》：篊，折竹筳也。从竹余聲。讀若絮。

北壹·倉頡篇 11
○柩巴蜀筞竹筐

漢印文字徵
○張筞

漢印文字徵
○駱長筞印

漢印文字徵
○衛長筞

漢印文字徵
○蓋印温筞

漢印文字徵
○龐筞私印

漢印文字徵
○筞止之印

柿葉齋兩漢印萃
○魏筞

漢晉南北朝印風
○駱長筞印

【篱】

《說文》：篱，筞也。从竹鼏聲。

【笢】

《說文》：笢，竹膚也。从竹民聲。

【笨】

《說文》：笨，竹裏也。从竹本聲。

【篈】

《說文》：篈，竹兒。从竹翁聲。

【篸】

《説文》：篸，差也。从竹參聲。

【篆】

《説文》：篆，引書也。从竹象聲。

東漢・趙寬碑

○彫篆六體

北魏・秦洪誌

○煥彰篆素

北魏・王普賢誌

○庸昭秦篆

【籀】

《説文》：籀，讀書也。从竹擂聲。《春秋傳》曰"卜籀"云。

北魏・元過仁誌

○刊籀鍾鼎

北魏・馮季華誌

○之雕籀

北魏・郭定興誌

○千載垂籀

【篇】

《説文》：篇，書也。一曰關西謂榜曰篇。从竹扁聲。

張・史律 475

○十五篇能風（諷）

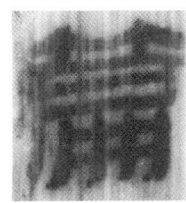
北壹・倉頡篇 44

東魏・鄭氏誌

【籍】

《説文》：籍，簿書也。从竹耤聲。

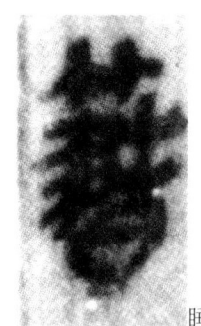
睡・封診式 97

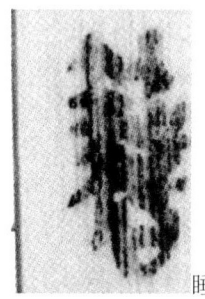
睡・為吏 20

里・第八層 1624

馬壹 139_14 下/156 下

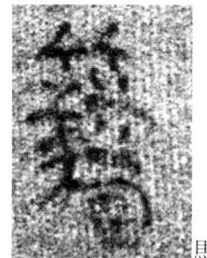
馬貳 31_57

張・戶律 318

張・奏讞書 140

敦煌簡 1900

○持致籍詣尹府

秦代印風

廿世紀璽印三-SY

漢印文字徵

漢印文字徵

漢晉南北朝印風

北魏・鄭君妻誌

北魏・韓顯宗誌

【篁】

《說文》：篁，竹田也。从竹皇聲。

【䉼】

《說文》：䉼，剖竹未去節謂之䉼。从竹將聲。

【䉈】

《說文》：䉈，籥也。从竹枼聲。

【籥】

《說文》：籥，書僮竹笘也。从竹龠聲。

漢銘・大半籥小量

漢銘・律量籥

睡・法律答問 30

嶽・為吏 67

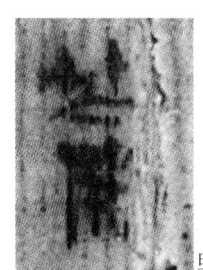
里・第八層 1900

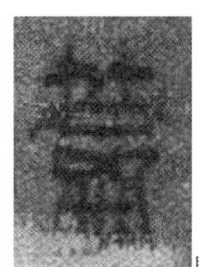
馬貳 109_21/21

張·戶律305

北壹·倉頡篇19

○艖簫陛

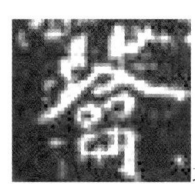
北魏·高道悅誌

○羈髮簫序

北齊·高潤誌

○屬鶴簫初啓

北齊·袁月璣誌

○國之針蔔（簫）

【劉】

《說文》：劉，竹聲也。從竹劉聲。

【簡】

《說文》：簡，牒也。從竹閒聲。

睡·為吏9

馬壹103_20\189

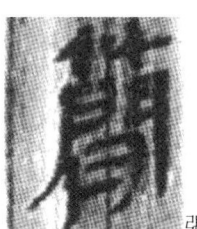
張·算數書70

敦煌簡0558

○皮十簡直六千七百

北壹·倉頡篇33

○歇潘閑簡聱鼓

魏晉殘紙

○書問口蕳（簡）每念茲對

廿世紀璽印三-SP

漢印文字徵

歷代印匋封泥

石鼓・田車

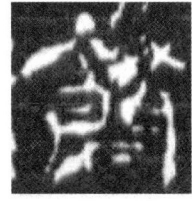
東漢・北海太守爲盧氏婦刻石
○簡□叵數

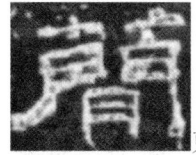
東漢・桐柏淮源廟碑
○蕑（簡）略不敬

北魏・元秀誌

北魏・楊無醜誌蓋
○弘農蕑（簡）公楊懿

【笅】

《說文》：笅，竹列也。从竹亢聲。

【箁】

《說文》：箁，萹茇也。从竹咅聲。

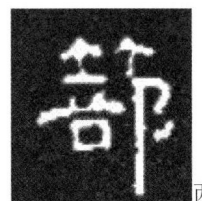
西魏・和照誌
○公四爲箁（剖）符

【等】

《說文》：等，齊簡也。从竹从寺。寺，官曹之等平也。

漢銘・永元鴈足鐙

漢銘・成山宮渠斗

睡・秦律十八種 59

睡・封診式 92

嶽・數 184

嶽・猩敞案 52

嶽・癸瑣案 7

里・第八層 1107

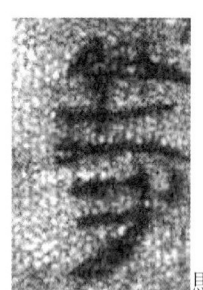
馬貳 82_272/259

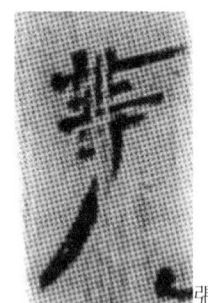
張・具律 95

〇其罪二等

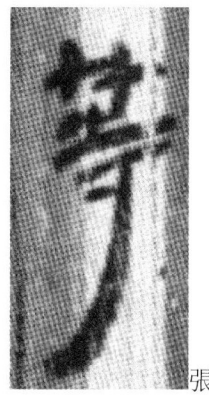
張·奏讞書 155

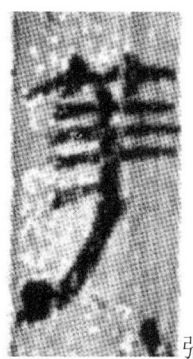
張·奏讞書 143

敦煌簡 0697
○橫興等群輩

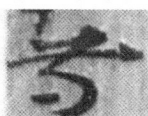
敦煌簡 0497
○張紹等謀反

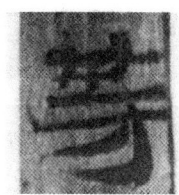
敦煌簡 0523

金關 T24:559
○李虎等卌六人

金關 T28:054
○賢友等

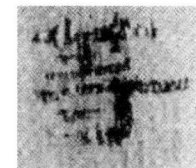
金關 T23:064

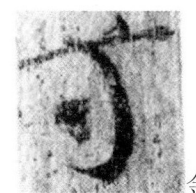
金關 T23:323A
○徐林等皆有致

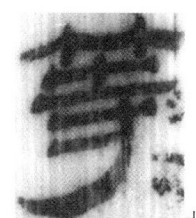
北壹·倉頡篇 12
○等桅戺隕

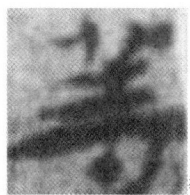
魏晉殘紙
○僧导香等

秦代印風
○賈等

漢印文字徵

○韓過等

漢印文字徵

○楊等

漢印文字徵

○弗等

漢晉南北朝印風

○韓過等

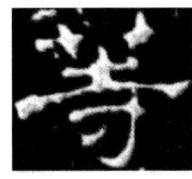
東漢・楊震碑

○汝南陳熾等

東漢・祀三公山碑

○工宋高等

北魏・元新成妃李氏誌

○煙而等映

北魏・韓曳雲造像

北魏・馮季華誌

○敬等如賓

東魏・義橋石像碑額

○武德于府君等

【笵】

《說文》：笵，法也。从竹，竹，簡書也；氾聲。古法有竹刑。

漢銘・笵陽侯壺

漢銘・笵陽侯壺

漢銘・柴是鼎

張・蓋盧 12

○命曰笵光

銀壹 158

○故爲笵中行氏

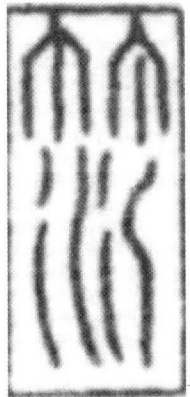
廿世紀璽印二-SY

○笵慶

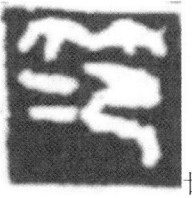
廿世紀璽印二-SY

○笵煩

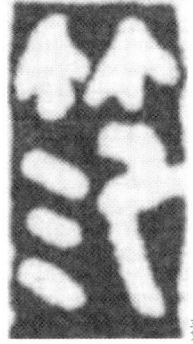
秦代印風

○笵欺

秦代印風

○笵臣

秦代印風

○笵賀

秦代印風

○笵罪

秦代印風

○笵口

秦代印風
○笵卯

秦代印風
○笵仫子印

秦代印風
○笵脅

秦代印風
○笵□奴

廿世紀璽印三-SY
○笵聖之印

廿世紀璽印三-SY
○笵齊私印

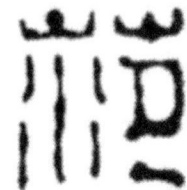
廿世紀璽印三-SY
○笵式之印

廿世紀璽印三-SY
○董笵人

漢印文字徵
○笵□印

漢印文字徵
○賀笵

漢印文字徵
○笵破胡
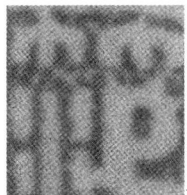
柿葉齋兩漢印萃
○范建私印

漢印文字徵
○笵獢印

漢印文字徵
○笵海

漢印文字徵
○丙笵

漢晉南北朝印風
○笵勳

漢晉南北朝印風
○笵伊尹印
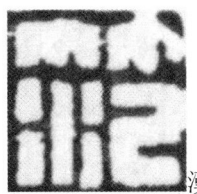
漢晉南北朝印風
○范勝私印

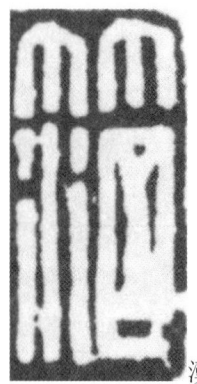
漢晉南北朝印風

○笵翁中

漢晉南北朝印風

○笵貳

漢晉南北朝印風

○笵通私印

東漢·楊著碑陽

○師笵

【箋】

《說文》：箋，表識書也。从竹戔聲。

漢印文字徵

○張震白箋

漢晉南北朝印風

○張震白箋

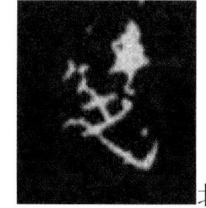
北魏·元譚誌

○遺箋金波無藥

【符】

《說文》：符，信也。漢制以竹，長六寸，分而相合。从竹付聲。

戰中·杜虎符

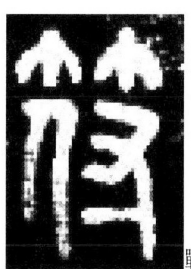戰晚·新鄭虎符

秦代·陽陵虎符

漢銘·杜陽虎符

漢銘·堂陽侯虎符

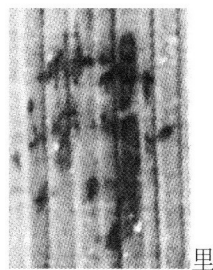里·第八層 685

○故因符左四符到爲

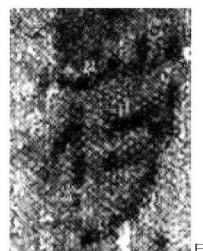馬貳 116_127/128

○紅符

敦煌簡 0386

○子受符即欲夜出

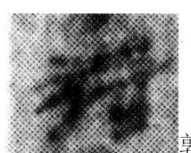敦煌簡 0214

○乃予符者

金關 T28:009A

○家屬符

金關 T24:124

○女冠符

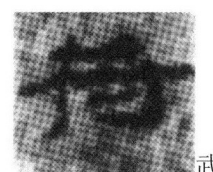武·甲《泰射》55

○西倚符（撲）升

廿世紀璽印三-GP

秦代印風

廿世紀璽印三-SY

漢晉南北朝印風

○章符子家丞

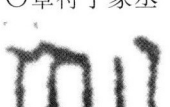
歷代印匋封泥

歷代印匋封泥

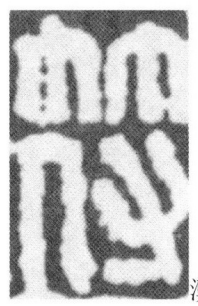
漢晉南北朝印風

漢印文字徵

漢代官印選

漢晉南北朝印風

○苻（符）離長印

漢晉南北朝印風

○符□□印

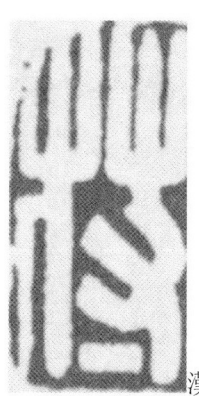
漢晉南北朝印風

○張符

東漢・禮器碑

○樂之音符

東漢・成陽靈臺碑

○上受符命

東漢・景君碑

○當亨符艾

北魏・韓顯宗誌

北魏・張盧誌

○苻（符）氏秦州刺史

北齊・赫連子悅誌

○苻（符）姚烏集

北周・李府君妻祖氏誌

○往居苻（符）守

【筮】

《説文》：籖，《易》卦用蓍也。从竹从巫。巫，古文巫字。

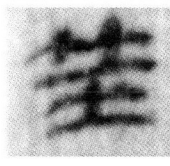
睡・日甲《毀弃》101

馬壹 5_23 上

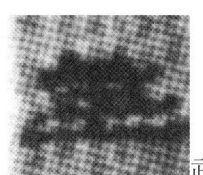
武・甲《特牲》1

○及筮日主人冠端
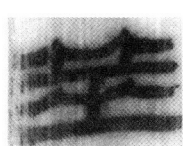
北壹・倉頡篇 52

○卜筮剕占

西晉・趙氾表

2085

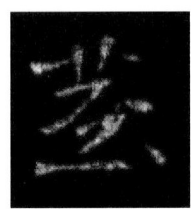
北魏·唐耀誌
○龜筮云急

北魏·元廣誌
○筮龜啓吉

北魏·元詮誌
○龜蓙（筮）襲吉

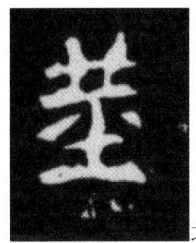
北魏·元誘妻馮氏誌
○命蓙（筮）告祥

【笄（笄）】

《説文》：笄，簪也。从竹幵聲。

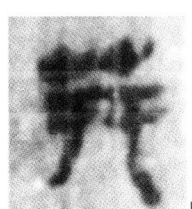
睡·秦律十八種 131
○毋（無）笄（菅）者以蒲藺

馬貳 220_48/59
○一曰笄光

張·奏讞書 199
○有笄刀乃自智

武·丙本《喪服》31
○惡笄有首

北魏·司馬顯姿誌
○顯淑笄年

北魏·楊氏誌
○年在方笄

【笓】

《説文》：笓，取蟣比也。从竹匝聲。

【籆】

《説文》：籆，收絲者也。从竹蒦聲。

【觲】

《説文》：觲，篧或从角从閒。

【筳】

《説文》：筳，繀絲筳也。从竹廷聲。

【筦】

《説文》：筦，筟也。从竹完聲。

漢印文字徵

○筦光

漢印文字徵

○筦接

北齊・赫連子悅誌

○筦箏仁義

北齊・元賢誌

○笙筦變節

【筟】

《説文》：筟，筳也。从竹孚聲。讀若《春秋》魯公子彄。

【笮】

《説文》：笮，迫也。在瓦之下，棼上。从竹乍聲。

漢印文字徵

○笮建

東漢・武氏左石室畫像題字

○搢笮（苲）續之

東漢・西狹頌

○阨笮促迫

【簾】

《説文》：簾，堂簾也。从竹廉聲。

北魏·元毓誌

【簀】

《說文》：簀，牀棧也。从竹責聲。

北齊·元始宗誌

○哀此易簀

【第】

《說文》：第，牀簀也。从竹弔聲。

【筵】

《說文》：筵，竹席也。从竹延聲。《周禮》曰："度堂以筵。"筵一丈。

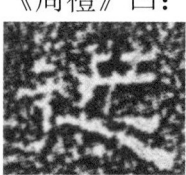
東漢·史晨前碑

○俯視几莚（筵）

北魏·王誦誌

○散書滿莚（筵）

北魏·元璨誌

○空列幃莚（筵）

北魏·王誦妻元妃誌

○象莚（筵）虛廓

【簟】

《說文》：簟，竹席也。从竹覃聲。

張·脈書63

○踝而簟之它脈盈此

金關 T23∶663A

○簟一直十八

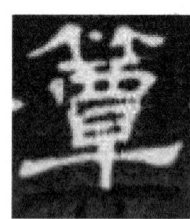
北齊·赫連子悅誌

【籧】

《說文》：籧，籧篨，粗竹席也。从竹遽聲。

漢印文字徵

○籧護印

【篨】

《說文》：篨，籧篨也。从竹除聲。

【籭】

《說文》：籭，竹器也。可以取粗去細。从竹麗聲。

【籓】

《說文》：籓，大箕也。从竹潘聲。一曰蔽也。

【籔】

《說文》：籔，漉米籔也。从竹奧聲。

【籔】

《說文》：籔，炊籔也。从竹數聲。

【箅】

《說文》：箅，蔽也，所以蔽甑底。从竹畁聲。

廿世紀璽印三-SY

○箅成之印

【籍】

《說文》：籍，飯筥也。受五升。从竹稍聲。秦謂筥曰籍。

【䈰】

《說文》：䈰，陳留謂飯帚曰䈰。从竹捎聲。一曰飯器，容五升。一曰宋魏謂箸筩為䈰。

【筥】

《說文》：筥，䈰也。从竹呂聲。

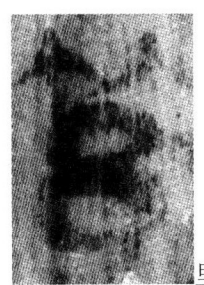
里·第八層607

○章圖筥

廿世紀璽印三-GP

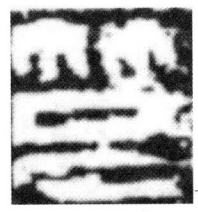
廿世紀璽印三-SY

○筥定之印

漢印文字徵

漢印文字徵

漢印文字徵

歷代印匋封泥

北齊·司馬遵業誌

【笥】

《説文》：笥，飯及衣之器也。从竹司聲。

里·第八層 1201

里·第八層 906

馬貳 226_65

張·奏讞書 136

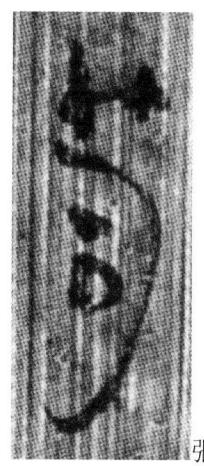
張·遣策 34

敦煌簡 1460B

敦煌簡 1448

東牌樓 024

○奴衣笥印

北壹·倉頡篇 11

○筐篋籔笥

北齊·崔頠誌

【簞】

《說文》：簞，笥也。从竹單聲。漢津令：簞，小筐也。《傳》曰："簞食壺漿。"

【筵】

《說文》：筵，筵簞，竹器也。从竹徙聲。

【箄】

《說文》：箄，筵簞也。从竹卑聲。

【簙】

《說文》：簙，圜竹器也。从竹專聲。

【箸】

《說文》：箸，飯攲也。从竹者聲。

里·第五層 10

○具箸至日

馬壹 110_165\334

○於天箸於

張·奏讞書 58

○馬傳箸其

張·引書 72

○壁固箸少

北壹·倉頡篇 42

○箸涏縞絟

漢印文字徵

○漢休著胡佰長

漢印文字徵

○箸胥劾

漢晉南北朝印風

○箸胥欯

詛楚文・亞駝

○楚王熊相之倍盟犯詛箸者

泰山刻石

○大義箸明

【簍】

《說文》：簍，竹籠也。从竹婁聲。

漢銘・無蔞氏鋗

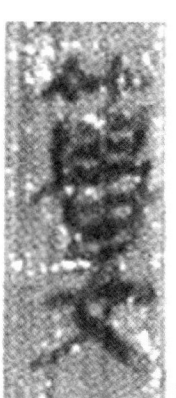
獄・為吏 86

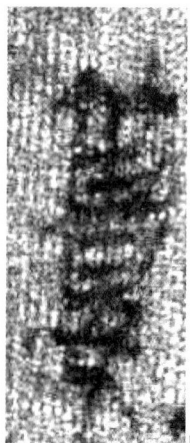
馬貳 79_216/203

第五卷

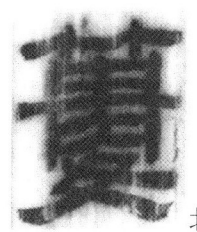
北壹·倉頡篇 43
○焉宛邰篡埣畦

【筤】

《說文》：筤，籃也。从竹良聲。

【籃】

《說文》：籃，大篝也。从竹監聲。

【𥬇】

《說文》：𥬇，古文籃如此。

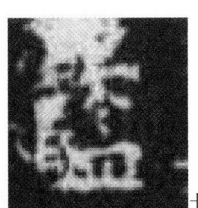
北齊·智度等造像
○置此伽籃

【篝】

《說文》：篝，答也。可熏衣。从竹冓聲。宋楚謂竹篝牆以居也。

【笿】

《說文》：笿，桮笿也。从竹各聲。

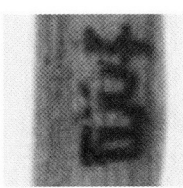
獄·綰等案 241
○笿中

【筓】

《說文》：筓，桮笿也。从竹筓聲。或曰盛箸籠。

【籢】

《說文》：籢，鏡籢也。从竹斂聲。

北壹·倉頡篇 11
○竹筐篋籢筒

【籫】

《說文》：籫，竹器也。从竹贊聲。讀若纂。一曰叢。

【籯】

《說文》：籯，笭也。从竹贏聲。

【籟】

《說文》：籟，竹器也。从竹刪聲。

【簋】

《說文》：簋，黍稷方器也。从竹从皿从皀。

【匭】

《說文》：匭，古文簋或从軌。

【㔲】

《說文》：㔲，古文簋从匚、飢。

【朹】

《說文》：𣏂，亦古文簠。

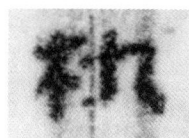銀壹 570

○而𣏂（救）窮

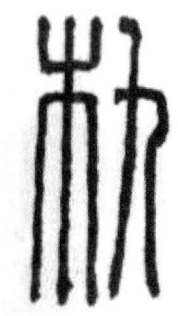漢印文字徵

○𣏂餘間印

漢印文字徵

○𣏂春

漢印文字徵

○𣏂壽之印

東漢・孔宙碑陽

○盡簠不歠

【簠】

《說文》：簠，黍稷圜器也。從竹從皿，甫聲。

【㠥】

《說文》：㠥，古文簠從匚從夫。

漢印文字徵

○鄭簠之印

漢印文字徵

○巫馬簠印

北魏・元廞誌

○簠簋不飾

【籩】

《說文》：籩，竹豆也。從竹邊聲。

【𨘩】

《說文》：𨘩，籀文籩。

東漢・禮器碑

○籩柉禁壺

【笔】

《說文》：笔，籩也。從竹屯聲。

【篇】

《說文》：篙，以判竹圜以盛穀也。从竹尚聲。

【籢】

《說文》：籢，竹高篋也。从竹鹿聲。

【籙】

《說文》：籙，籢或从录。

東漢・燕然山銘

○下雞籢

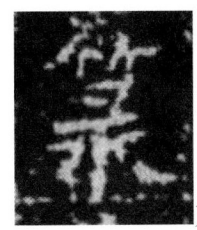

東魏・邑主造像訟

○流聲籙素

【簜】

《說文》：簜，大竹箭也。从竹昜聲。

【筩】

《說文》：筩，斷竹也。从竹甬聲。

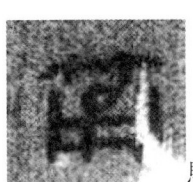

馬貳 38_69 上

張・遣策 16

○鹽一筩吳（虞）

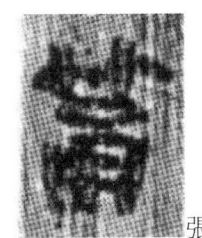

張・遣策 15

○一筩有匕史光筩

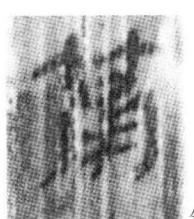

銀貳 2147

○如竽筩（筒）次

西晉・裴祇誌

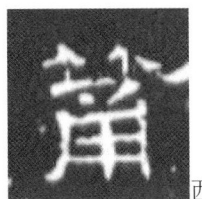

西晉・裴祇誌

【篗】

《說文》：篗，竹輿也。从竹便聲。

【笯】

《說文》：笯，鳥籠也。从竹奴聲。

【竿】

《説文》：竿，竹梃也。从竹干聲。

馬貳 113_77/77

○而係縣（懸）竿

武・甲《泰射》8

○史在竿（干）侯

東魏・高湛誌

【籗】

《説文》：籗，罩魚者也。从竹靃聲。

【篧】

《説文》：篧，籗或省。

【箇】

《説文》：箇，竹枚也。从竹固聲。

馬壹 6_20 下
○箇（蠱）小（少）

馬壹 5_20 上

張・算數書 129

【筊】

《説文》：筊，竹索也。从竹交聲。

【笮】

《説文》：笮，筊也。从竹乍聲。

【箈】

《説文》：箈，蔽絮簀也。从竹沾聲。讀若錢。

【箑】

《説文》：箑，扇也。从竹疌聲。

【篓】

《説文》：篓，箑或从妾。

【籠】

《説文》：籠，舉土器也。一曰笭也。从竹龍聲。

馬壹 4_12 下
○寵（籠）无不利上

北魏·穆彥誌

〇蒙籠千仞

北齊·張海翼誌

〇籠網韓彭

【籑】

《說文》：籑，裹也。从竹襄聲。

【筳】

《說文》：筳，可以收繩也。从竹，象形，中象人手所推握也。

【互】

《說文》：互，筳或省。

嶽·數71

〇乘母爲法子互乘□爲實

金關 T24:073A

〇致互數相聞此意

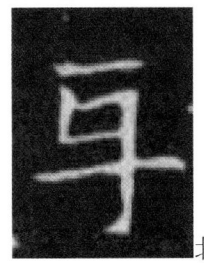

北魏·元徽誌

〇岸谷互遷

北魏·王遺女誌

〇互相陵壓

北魏·邢偉誌

〇夫山川迴互

【簋】

《說文》：簋，宗廟盛肉竹器也。从竹祭聲。《周禮》："供盆簋以待事。"

【篅】

《說文》：篅，飲牛筐也。从竹豦聲。方曰筐，圓曰篅。

【䈰】

《說文》：䈰，飲馬器也。从竹兜聲。

【籚】

《說文》：籚，積竹矛戟矜也。从竹盧聲。《春秋國語》曰："朱儒扶籚。"

【箝】

《說文》：箝，籣也。从竹拑聲。

【籣】

《說文》：籣，箝也。从竹爾聲。

北壹·倉頡篇 35

○脂膏鏡籣比疏

北魏·元維誌

○松檟籣（蕭）森

【籫】

《說文》：籫，笠蓋也。从竹登聲。

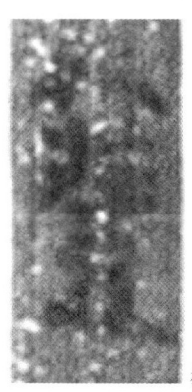

嶽·占夢書 12

○盡操籫陰（蔭）

張·奏讞書 198

○百操籫道市歸到巷

北壹·倉頡篇 36

○疽旃翳籫笠

【笠】

《說文》：笠，籫無柄也。从竹立聲。

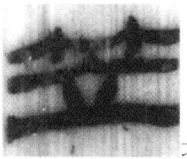

北壹·倉頡篇 36

○旃翳籫笠

南朝宋·劉懷民誌

【箱】

《說文》：箱，大車牝服也。从竹相聲。

金關 T10∶151

○方箱車一乘駢

北壹·倉頡篇 63

○畚㪻箱松柏

漢印文字徵

○箱尊之印

漢印文字徵

○淫箱

漢晉南北朝印風

○箱尊之印

北魏·元舉誌

○百家由此分金箱

北魏·馮邕妻元氏誌

○車蓋連箱

北魏·元鑒誌

○奄有海箱

【篚】

《說文》：篚，車笭也。从竹匪聲。

【笭】

《說文》：笭，車笭也。从竹令聲。一曰笭，籯也。

【篸】

《說文》：篸，搔馬也。从竹剡聲。

【策】

《說文》：策，馬箠也。从竹朿聲。

馬貳 114_93/93

○操玉策

銀壹 521

○故兵策曰十萬

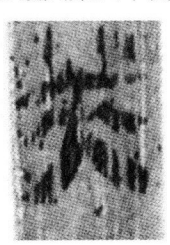

銀貳 1173

○主人策會脩（修）

北貳·老子 192

○不用檮（籌）筴（策）

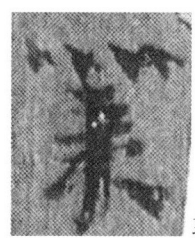

敦煌簡 0043

○又迫策上責

東牌樓 019

○文書科策

東漢・北海相景君碑陽

○建策忠讜

東漢・夏承碑

○策薰著于王室

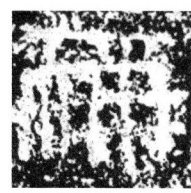

東漢・祀三公山碑

○將作掾王策

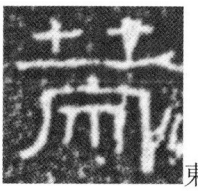

東漢・張遷碑陽

○善用籌策

北魏・元寶月誌

○未膺策命

北魏・張整誌

○奉策宮掖

北魏・趙充華誌

○奉策即柩

北魏・弔比干文

○策驥躬矚

東魏・趙胡仁誌

○參奇九策

北齊・赫連子悅誌

○策若涌泉

【箠】

《說文》：箠，擊馬也。從竹垂聲。

2100

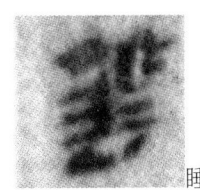

睡·日甲《詰》50

○人皆箠（垂）延

【䇽】

《说文》：䇽，箠也。从竹朵聲。

【笍】

《说文》：笍，羊車騶箠也。箸箴其耑，長半分。从竹内聲。

【簡】

《说文》：簡，所以盛弩矢，人所負也。从竹闌聲。

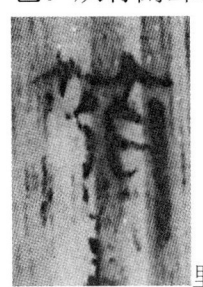

里·第八層 113

○爲簡枝

【箙】

《说文》：箙，弩矢箙也。从竹服聲。《周禮》："仲秋獻矢箙。"

【䉁】

《说文》：䉁，桴雙也。从竹朱聲。

【笘】

《说文》：笘，折竹箠也。从竹占聲。潁川人名小兒所書寫爲笘。

【笪】

《说文》：笪，答也。从竹旦聲。

東魏·志朗造像

○欲使寫笪傳儀

【笞】

《说文》：笞，擊也。从竹台聲。

張·具律 122

張·賊律 39

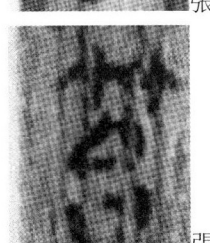

張·奏讞書 120

【籤】

《说文》：籤，驗也。一曰銳也，貫也。从竹韱聲。

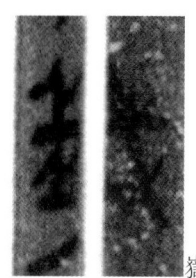

獄・為吏 65

○親箴（賢）不杌（扤）

獄・魏盜案 168

○箴（纖）微

北魏・石門銘

○梁秦典籤

【簕】

《說文》：簕，榙也。從竹殿聲。

【箴】

《說文》：箴，綴衣箴也。從竹咸聲。

睡・秦律十八種 110

睡・法律答問 86

東漢・鮮於璜碑陽

○葴（箴）謨屢獻

東魏・鄭氏誌

【箾】

《說文》：箾，以竿擊人也。從竹削聲。虞舜樂曰箾韶。

【竽】

《說文》：竽，管三十六簧也。從竹亏聲。

馬貳 261_34/50+408

○楚竽瑟各一

馬貳 246_278

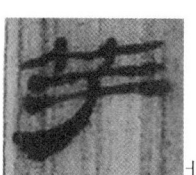

北貳・老子 44

北壹·倉頡篇 33

○嫚舞炊竽

廿世紀璽印二-GP

○竽

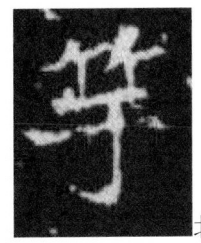

北魏·元馗誌

【笙】

《說文》：笙，十三簧。象鳳之身也。笙，正月之音。物生，故謂之笙。大者謂之巢，小者謂之和。从竹生聲。古者隨作笙。

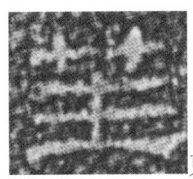

東漢·史晨後碑

○雅歌吹笙（笙）

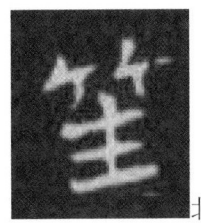

北魏·王普賢誌

○洛浦萃其笙歌

【簧】

《說文》：簧，笙中簧也。从竹黃聲。古者女媧作簧。

馬貳 32_2 上

○似簧若合

北齊·張海翼誌

○奏瑟調簧

【篪】

《說文》：篪，簧屬。从竹是聲。

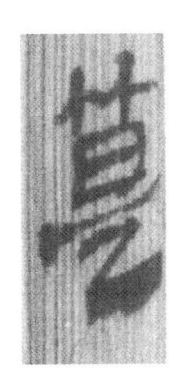

馬貳 247_297

○篪一千

【簫】

《說文》：簫，參差管樂。象鳳之翼。从竹肅聲。

武·甲《泰射》48

○右執簫南陽（揚）

北魏·王□奴誌

○簫鼓齊音

東魏·南宗和尚塔銘

○簫宮

北齊·暴誕誌

○楊園簫索

【筒】

《説文》：筒，通簫也。从竹同聲。

馬貳 128_10

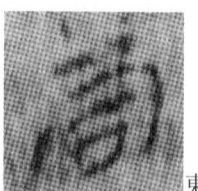

東牌樓 006

【籟】

《説文》：籟，三孔龠也。大者謂之笙，其中謂之籟，小者謂之箹。从竹賴聲。

北齊·高叡修定國寺碑

○萬籟爭響

【箹】

《説文》：箹，小籟也。从竹約聲。

【管】

《説文》：管，如篪，六孔。十二月之音。物開地牙，故謂之管。从竹官聲。

【琯】

《説文》：琯，古者玉琯以玉。舜之時，西王母來獻其白琯。前零陵文學姓奚，於伶道舜祠下得笙玉琯。夫以玉作音，故神人以和，鳳皇來儀也。从玉官聲。

馬壹 45_62 上

○管君問左右

張·脈書 6

○在胃管（脘）癰

張·遣策 39

○一有管□二

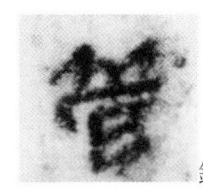

銀壹 256

秦代印風

漢印文字徵

漢印文字徵

廿世紀璽印四-SP

○師管□

漢晉南北朝印風

北魏·元願平妻王氏誌

【䈁】

《説文》：䈁，小管謂之䈁。从竹眇聲。

【笛】

《説文》：笛，七孔筩也。从竹由聲。羌笛三孔。

馬壹 6_18 下

北周·乙弗紹誌

【筑】

《説文》：筑，以竹曲五弦之樂也。从竹从巩。巩，持之也。竹亦聲。

漢銘·筑陽家小立錠

睡·日甲《詒》100
○可以筑（築）室

嶽·數 179
○唯筑城

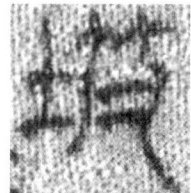

馬壹 258_3 上\19 上
○以筑（築）牆

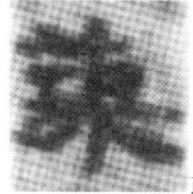

武·儀禮甲《服傳》24
○筑宮廟

武·乙本《服傳》15
○筑宮廟

西晉·郭休碑
○故吏筑陽郯承

【箏】

《説文》：箏，鼓弦竹身樂也。从竹爭聲。

北齊·韓裔誌
○彈箏蹋鞠

【箛】

《説文》：箛，吹鞭也。从竹孤聲。

【篍】

《説文》：篍，吹筩也。从竹秋聲。

【籌】

《説文》：籌，壺矢也。从竹壽聲。

敦煌簡 0803A
○佐楊籌

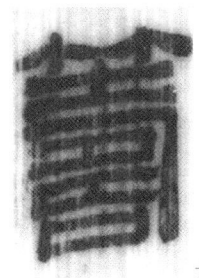

北壹·倉頡篇 18

○筆研筭籌

東漢·張遷碑陽

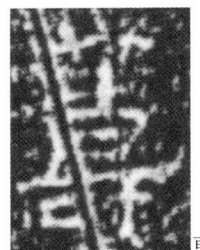

○善用籌策

東漢·趙寬碑

○內建籌策

北魏·長孫子澤誌

【簺】

《說文》：簺，行棊相塞謂之簺。從竹從塞，塞亦聲。

【簙】

《說文》：簙，局戲也。六箸十二棊也。從竹博聲。古者烏胄作簙。

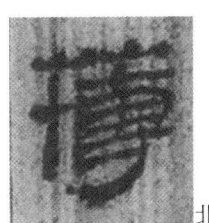

北貳·老子 48

○弗簙（搏）骨弱

【篳】

《說文》：篳，藩落也。從竹畢聲。《春秋傳》曰："篳門圭窬。"

馬壹 212_57

○南陽篳（畢）韓氏

漢晉南北朝印風

○篳閭苑監

漢印文字徵

○華閭苑監

【簽】

《說文》：簽，蔽不見也。從竹愛聲。

【籚】

《說文》：籚，雉射所蔽者也。從竹嚴聲。

【籞】

《説文》：籞，禁苑也。从竹御聲。《春秋傳》曰："澤之目籞。"

【魰】

《説文》：魰，籞或从又魚聲。

【筭】

《説文》：筭，長六寸。計歷數者。从竹从弄。言常弄乃不誤也。

漢銘・光和斛一

漢銘・光和斛二

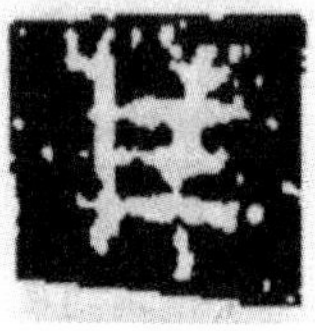

漢銘・光和斛一

馬壹 13_82 上

○筭（巽）小

馬貳 285_302/319

○象筭卅枚

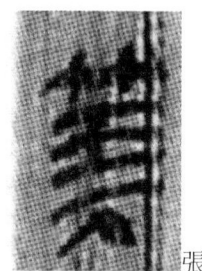

張・具律 124

○庶人毋筭事

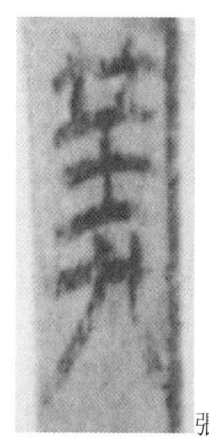

張・算數書 6

○筭數

張・遣策 22

○蒜一筭

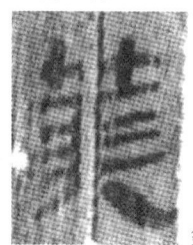

銀貳 1149

○則投筭而戰

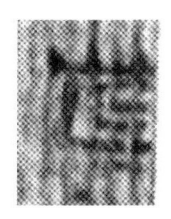

敦煌簡 0993

○子筭四十

金關 T10:131

○負五筭

武·甲《特牲》42

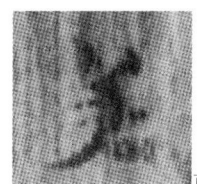

○爵毋（無）筭

東牌樓 081

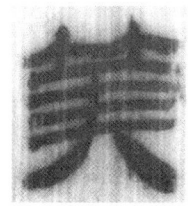

○卅筭

北壹·倉頡篇 18

○筆研筭籌

東漢·肥致碑

○應時發筭

北魏·元朗誌

○舉無遺筭

北魏·元平誌

○宜延遐筭

北魏·奚真誌

○恕保永筭

北魏·叔孫協及妻誌

○筭合

北齊·賀拔昌誌

○奄從靈筭

【算】

《說文》：算，數也。从竹从具。讀若筭。

秦代印風

○算

2109

漢印文字徵

○算印利國

東漢・張遷碑陽

○八月算民

北魏・高珪誌

○習詩禮及歷算

【笑】

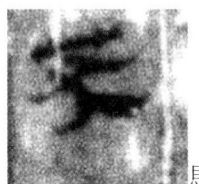

《說文》：笑，此字本闕。

馬壹 143_4/178 下

○道大笑之弗笑

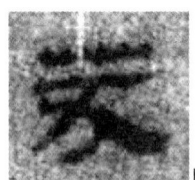

馬壹 12_73 下

○人先芺（笑）後

銀壹 688

○群曲笑直吾觀其君

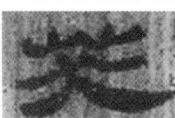

北貳・老子 12

○道大芺（笑）之弗芺（笑）

金關 T23:289

○長音笑問臨欲顧校

漢印文字徵

○司馬笑

東漢・熹平石經殘石五

北魏・元子正誌

○始言笑而表奇

北魏・封魔奴誌

○談笑

北魏·寇憑誌

○談笑

東魏·元晫誌

○笑語中規

北齊·高淯誌

○咳笑如神

【簃】

《說文》：簃，閣邊小屋也。从竹移聲。《說文》通用謻。

【筠】

《說文》：筠，竹皮也。从竹均聲。

北魏·元恭誌

○節比松筠

北魏·元廣誌

○貞比筠松

【笏】

《說文》：笏，公及士所搢也。从竹勿聲。案：籀文作曶，象形。義云佩也。古笏佩之。此字後人所加。

北魏·和邃誌

○世襲纓笏

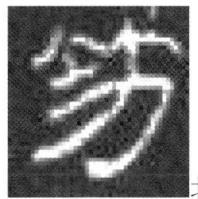

北齊·韓裔誌

○執笏王朝

【篦】

《說文》：篦，導也。今俗謂之篦。从竹毘聲。

【篙】

《說文》：篙，所以進船也。从竹高聲。

〖笆〗

廿世紀璽印三-SY

○笆柏

〖筅〗

漢印文字徵

○筦朝之印

【筦】

北壹·倉頡篇23

○饕級絢筦繩

【竺】

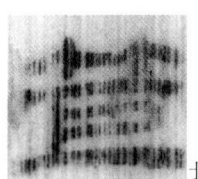

廿世紀璽印三-SP

○王竺

北魏·元恩誌

○竺（琴）書逸響

【笆】

秦代印風

○笆帶

【筊】

東魏·高翻碑

○負筊從師

【筱】

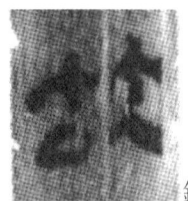

銀貳1697

○木華筱生

【笝】

漢印文字徵

○笝衆

【筍】

柿葉齋兩漢印萃

○張筍印

【筶】

漢晉南北朝印風

○王筶

【笣】

北齊·司馬遵業誌

〇笆持日月

〖第〗

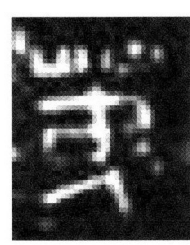

戰晚或秦代·梡陽鼎

漢銘·杜鼎二

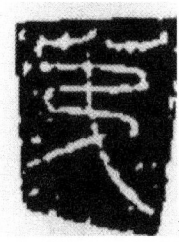

漢銘·曲成家行鐙

漢銘·黃山高鐙

漢銘·史侯家染梧

漢銘·漢第八鍾

漢銘·官鐸

漢銘·鄧中孺洗

漢銘·上林昭臺廚銅銷

漢銘·長安銷

漢銘·南陵鍾

漢銘·陽朔四年鍾

漢銘·平陽甗

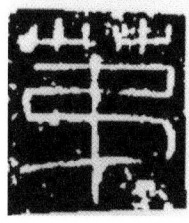

漢銘·上林行鐙

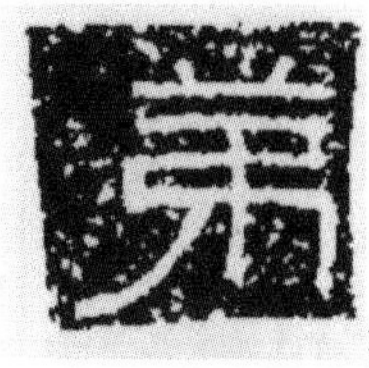

漢銘·廣陵服食官釘二

漢銘·上林鼎三

漢銘·十六年鋈

漢銘·上林鼎二

漢銘·壽成室鼎二

漢銘·安陵鼎蓋

漢銘·鄘偏鼎

漢銘·陽信家銅二斗鼎

漢銘·張氏鼎蓋

漢銘·西鄉鼎蓋

里·第八層957
○第第

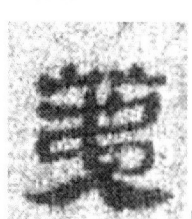

馬壹8_37下
○歸以第（娣）

銀貳 1820
○麻叔（菽）第蕾
敦煌簡 1185
○兩角第百卅三
金關 T23:866B 
○第四候史曹卿
金關 T24:033 
○右第卅五車
武・王杖 1 
○第卅三御史令
秦代印風 
○狐第印

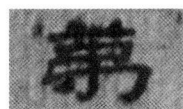

廿世紀璽印三-GP
○常御第六

廿世紀璽印三-GP
○太牢第一

漢印文字徵
○葰第私印

漢印文字徵
○左第印信

漢印文字徵
○第恬

漢印文字徵

○第理私印

漢印文字徵

○樊第

歷代印匋封泥

○大牢第一

西漢・李后墓塞石

○第一北

西漢・李后墓塞石

○西宮東北旁第一三

西漢・李后墓塞石

○西宮東北旁第二一

三國魏・三體石經春秋・篆文

○文公第六

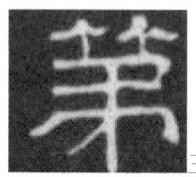

三國魏・三體石經春秋・隸書

西晉・郭槐柩記

○薨于第寢

西晉・石定誌

○太尉昌安元公之第三孫

北魏・寇憑誌

○君孝第（悌）通神之至

北魏・司馬顯姿誌

北魏・楊順妻呂氏誌蓋
〇故恒農簡公第四子

北魏・楊無醜誌蓋

〖笳〗

北魏・元壽安誌

〖笈〗

北魏・劉氏誌
〇笈（彼）此唱和

〖箕〗

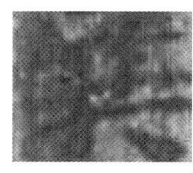

吳簡嘉禾・五・二三九
〇男子李箕

〖筥〗

廿世紀璽印二-GP
〇睪□筥鉢

〖筥〗

漢印文字徵
〇筥昌

〖策〗

里・第八層 2254

〖篤〗

北魏・高猛妻元瑛誌
〇和若塤篪

東魏・元鷙妃公孫甗生誌
〇契合塤篪

〖筭〗

張·賊律 52

○亡書筭（符）券

〖筧〗

北魏·元讜誌

○發閶筧而雲起

〖箜〗

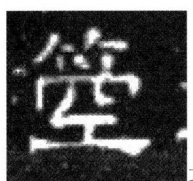

北齊·崔德誌

〖篸〗

孔·蓋屋、築室 246

○篸（築）室良日

〖篌〗

〖篌〗

北齊·崔德誌

○箜篌笙管之聲

〖落〗

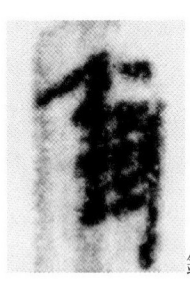

張·遣策 26

○落金鋆一

〖䈞〗

銀壹 95

○□䈞（葦）

〖篸〗

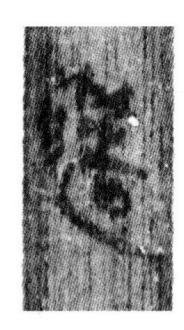

里·第八層 1237

○四兩篸□三兩今更

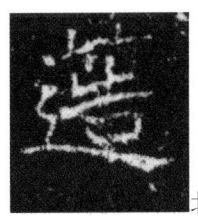

【篃】

北齊・等慈寺殘塔銘
○屯篃之所

【簹】

北周・尉遲將男誌
○聲譽蔥簹

【篠】

北魏・高琨誌
○篠縣崇仁鄉孝義里

【簇】

漢印文字徵
○戎簇

【箋】

北魏・爾朱紹誌
○箋以尚也

【箮】

吳簡嘉禾・五・三四三
○男子文箮

【簩】

廿世紀璽印三-GP
○簩承丞印

漢印文字徵
○簩城丞印

【簽】

張・遣策 22
○竹簽（籤）一

【簿】

北魏·李媛華誌

【箐】

孔·五勝105

○以箐盛

【籟】

馬壹82_54

○負籟（籠）操甾毋辱大王之廷

【錄】

北魏·元謐誌

○義光實錄

北魏·元演誌

○良何之贊漢錄

【籯】

北齊·徐顯秀誌

○籯糧杖劍

【籃】

石鼓·汧殹

○其籃氏鮮

【籩】

漢印文字徵

○籩尊

【籬】

北周·田弘誌

○蕃籬

【籮】

漢印文字徵

○籮中孺印

箕部

【箕】

《說文》：箕，簸也。从竹；𠀠，象形；下其丌也。凡箕之屬皆从箕。

【其】

《說文》：𠀠，古文箕省。

【㠱】

《說文》：㠱，亦古文箕。

【𠀤】

《說文》：𠀤，亦古文箕。

【簸】

《說文》：簸，籀文箕。

【匚】

《說文》：匚，籀文箕。

春晚·秦公鎛

春早·秦公鎛

戰晚·二十年相邦冉戈

西晚·不其簋

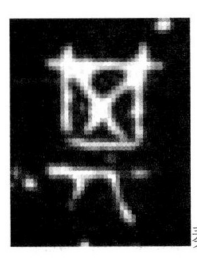

秦代·元年詔版五

秦代·二世元年詔版一

漢銘・聖主佐宮中行樂錢

漢銘・始建國元年銅撮

漢銘・魏其侯盆

睡・日甲《詰》25

○臥箕

闗・日書 199

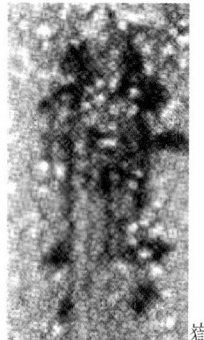

獄・數 64

○箕田曰并舌瞳（踵）步

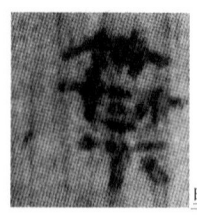

里・第八層 2133

馬貳 18_17 上

睡・秦律十八種 84

睡・法律答問 46

睡・為吏 1

○畫局陳箕（棋）

睡・日甲《詰》64

獄・同顯案 142

里・第六層 4

里・第八層 355

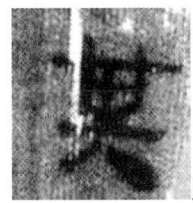

馬壹 76_64

馬壹 4_9 下

○膚亓（其）行次

馬壹 171_10 上

馬壹 107_96\265

○以亓（其）外心

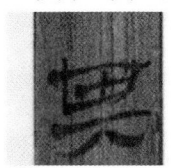

馬貳 212_8/109

馬貳 34_39 上

○亓（其）起居

張・復律 278

張・蓋盧 29

張・引書 49

銀壹 32

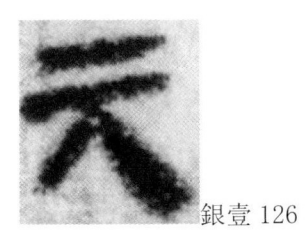

銀壹 126

○將謹亓（其）恃

銀貳 1277

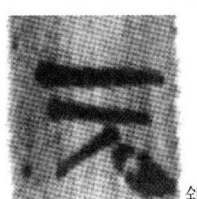

銀貳 1576

○攻亓（其）所必救

北貳·老子 40

敦煌簡 0812

金關 T24:739

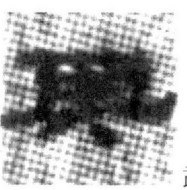

武·甲《特牲》2

○事適其皇祖

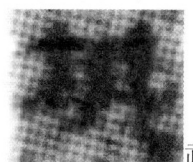

武·乙本《服傳》13

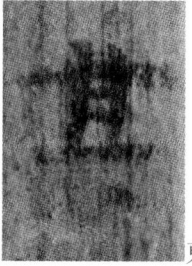

東牌樓 070 背

吳簡嘉禾·五·三九五

○其廿畝

吳簡嘉禾·五·二三八

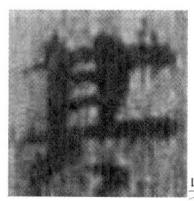

吳簡嘉禾·五·一○六四

秦代印風

○箕□

漢印文字徵

○箕胡臣

漢印文字徵

○箕須之印

漢印文字徵

○箕大

第五卷

漢印文字徵

○箕慶

漢印文字徵

○箕定居

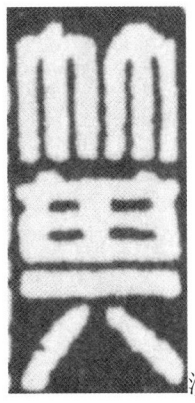

漢晉南北朝印風

○箕辟強

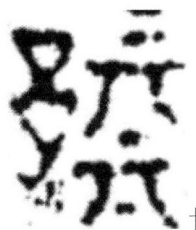

廿世紀璽印二-GP

○貴其亭鉢

秦代印風

○郭其奴

廿世紀璽印三-SY

○侍其䊷

漢代官印選

○不其令印

漢印文字徵

○臣食其

漢印文字徵

○令其安漢

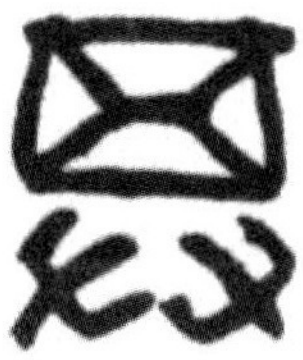

漢印文字徵

漢印文字徵

漢印文字徵

漢代官印選

○魏其侯印

歷代印匋封泥

漢代官印選

○不其邑丞之印

歷代印匋封泥

歷代印匋封泥

漢晉南北朝印風

○令其孝君

東漢・樊敏碑

○體蹈箕首

東漢・鮮於璜碑陽

○其先祖出于殷箕（萁）子之苗裔

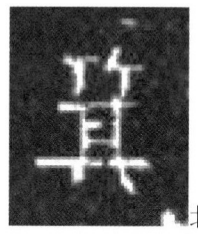

北齊・袁月璣誌

○自膺箕帚

秦駰玉版

○其名曰陘匚

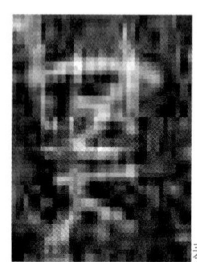

秦駰玉版

詛楚文・巫咸

懷后磬

泰山刻石

東漢・圉令趙君碑

東漢・楊統碑陽

東漢・楊震碑

東漢・朝侯小子殘碑

東漢・張遷碑陽

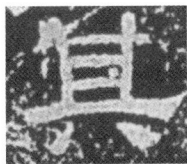

東漢・尹宙碑

東漢・建寧三年殘碑

東漢・夏承碑

○不終其紀

東漢・夏承碑

○皆德任其位

東漢・曹全碑陽

東漢・楊著碑額

東漢・成陽靈臺碑

東漢・西岳華山廟碑陽

東漢・桐柏淮源廟碑

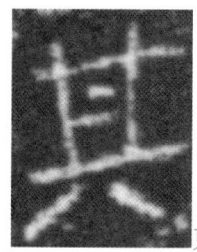

東漢・石祠堂石柱題記

東漢・石門頌
○君其繼縱

東漢・從事馮君碑
○其辭

東漢・從事馮君碑
○世濟其美

東漢・楊震碑

東漢・肥致碑

三國魏・三體石經春秋・篆文

三國魏・三體石經春秋・古文
○殺其大夫尋（得）

西晉・成晃碑

西晉・石尠誌

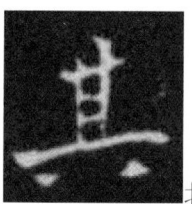

北魏・元緒誌

北魏・爾朱襲誌

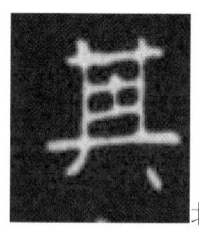

北魏・元繼誌

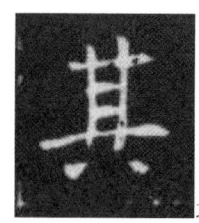

北魏・元悛誌

北魏·元詮誌

北魏·穆亮誌

北魏·元弘嬪侯氏誌

北魏·元簡誌

北魏·張正子父母鎮石

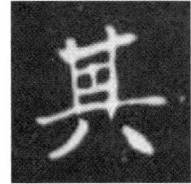

○神其殛之

北魏·元孟輝誌

東魏·廣陽元湛誌

東魏·鄭氏誌

北齊·崔德誌

○觀虎莫變其神

【簸】

《說文》：簸，揚米去糠也。从箕皮聲。

【㲃】

春早·秦公鎛

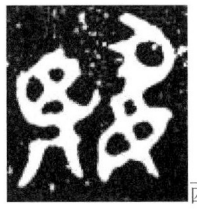

○秦公㲃（其）畯㞋

西晚·不其簋

○不㲃（其）𠈹

春早·秦公鐘

○秦公㲃（其）畯㞋

西晚·不其簋

○不嬰（其）倴

春晚·秦公簋

○嬰（其）嚴楝各

丌部

【丌】

《說文》：丌，下基也。薦物之丌。象形。凡丌之屬皆从丌。讀若箕同。

【䢋】

《說文》：䢋，古之遒人，以木鐸記詩言。从辵从丌，丌亦聲。讀與記同。

【典】

《說文》：典，五帝之書也。从冊在丌上，尊閣之也。莊都說，典，大冊也。

【𠔏】

《說文》：𠔏，古文典从竹。

睡·秦律十八種 14

○賜田典日旬

睡·秦律雜抄 32

○典老贖耐

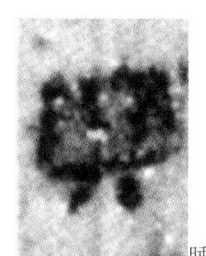

睡·封診式 98

○甲獻典乙相診

里·第八層 157

○成里典啓陵郵人缺

里·第八層背 157

馬壹 36_48 上

張·錢律 201

○耏正典田田典
敦煌簡 2013 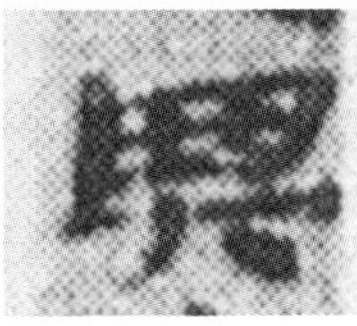
○中恩典
金關 T24:245 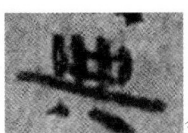
○敢告典屬國卒人寫
廿世紀璽印三-GY 
○義陽典鐵官宰
漢印文字徵 
○夏架典農
柿葉齋兩漢印萃 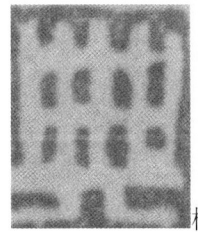
○典農校尉
漢代官印選 
○典屬國印

漢印文字徵
○典祠令印

漢印文字徵
○廣典衛令

漢印文字徵
○典虞司馬

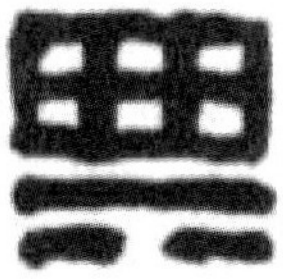

漢印文字徵
○王典私印

漢代官印選
○典客之印

廿世紀璽印四-GY
○琅邪典書令印

○典祠令印

漢晉南北朝印風

漢晉南北朝印風

○廣次男典祠長

漢晉南北朝印風

○魯典書令

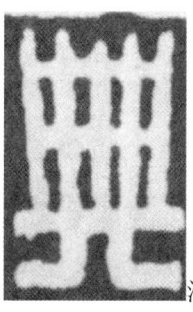

漢晉南北朝印風

○常山典書丞印

漢晉南北朝印風

○典書之印

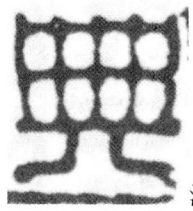

漢晉南北朝印風

○盛典之印

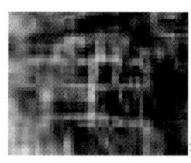

秦馹玉版

東漢・韓仁銘

東漢・鮮於璜碑陽

○含好黃（典）常

東漢・鮮於璜碑陰

東漢・夏承碑

東漢・曹全碑陽

東漢・朝侯小子殘碑

○當在祀典者矣

東漢・成陽靈臺碑

東漢・北海相景君碑陰

2132

東漢・楊著碑額

○綱紀典謨

三國魏・曹真殘碑

○前典虞令

北魏・元誨誌

○出典宗禮

北魏・劇市誌

○典命優濃

北魏・元纂誌

北魏・馮迎男誌

○博達墳典

北魏・馮季華誌

東魏・廣陽元湛誌

○俄以本官監典書事

北齊・婁黑女誌

○昔聞彝典

北齊・暴誕誌

【巽】

《說文》：巽，具也。从丌从頣。此《易》巽卦"爲長女，爲風"者。

【畀】

《說文》：畀，相付與之。約在閣上也。从丌甶聲。

睡・法律答問 23

○物皆畀其主

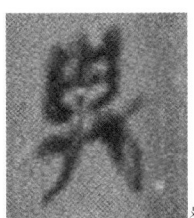

獄・數 197

○半寸畀（棋）

里・第八層 1008
○當初畀華及告豎令

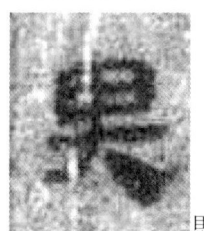

馬壹 37_36 下
○畀以來羣文德也

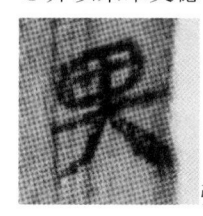

張・置後律 384
○棄妻畀之其財

東牌樓 005
○□所畀付彈處罪法

秦代印風
○畀毋齒

漢印文字徵
○畀口

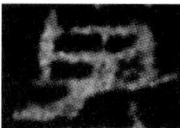

東漢・張仲有修通利水大道刻石
○畀下通水大道

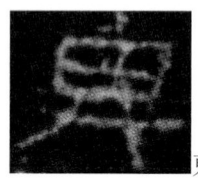

東漢・張仲有修通利水大道刻石
○畀下通利水大道

北魏・薛慧命誌
○化罍效畀（卑）

【巺】

《説文》：巺，具也。从丌吅聲。

【巽】

《説文》：巽，古文巺。

【𢁁】

《説文》：𢁁，篆文巺。

漢印文字徵
○許央巺

2134

漢印文字徵

○任巽印信

漢晉南北朝印風

○妾巽

東漢・陽嘉殘碑陰

○故吏后巽

三國魏・上尊號碑

【奠】

《說文》：奠，置祭也。从酋。酋，酒也。下其丌也。《禮》有奠祭者。

春早・秦公鎛

春早・秦公鐘

張・津關令 492

○金諸奠黃金器及銅

北貳・老子 37

○萬物奠（尊）道

歷代印匋封泥

○陳得三奠（鄭）昜（陽）

歷代印匋封泥

○鄶里奠（鄭）

2135

歷代印匋封泥

○王罣□奠

秦代印風

○敦祭奠印

廿世紀璽印三-SP

○奠

東漢・祀三公山碑

○徹奠不行

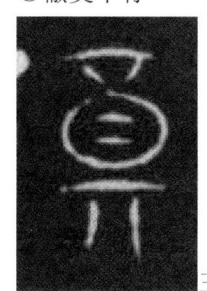

三國魏・三體石經春秋・古文

○人陳人奠（鄭）人伐許

北魏・公孫猗誌

○早奠已撤

北魏・劇市誌

○乃終卷而奠（莫）舒

北魏・侯剛誌

北魏・元彝誌

○入侍釋奠

北魏・元瞻誌

北魏・□伯超誌

○以奠厥居

左部

【左】

《說文》：左，手相左助也。从ナ、工。凡左之屬皆从左。

戰晚·王二十三年秦戈

春早·秦公鎛

戰晚·新郪虎符

戰晚·十九年寺工鈹一

戰晚·六年漢中守戈

秦代·陽陵虎符

秦代·美陽銅權

秦代·元年詔版五

漢銘·左氏洗

漢銘·北木盆

漢銘·楚大官廚鼎

漢銘·上林銅鑒八

漢銘・左澂鐖

漢銘・左驂虎形器座

漢銘・左服右虎形器座

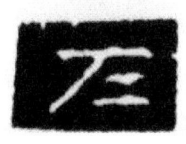

漢銘・元延鈁

漢銘・元始鈁

睡・法律答問 126

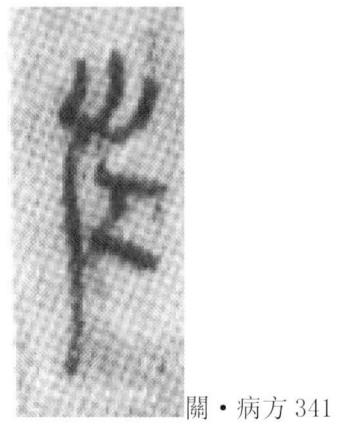

關・病方 341

獄・數 17

里・第八層 63

里・第八層背 197

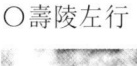

○壽陵左行

馬壹 88_194

馬壹 148_72/246 上

馬壹 174_20 下

馬貳 3_23

○左德倍（背）刑（荆）

張・蓋盧 13

張·引書 28

銀壹 325

銀貳 1116

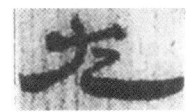

北貳·老子 116

○聖人執左契

敦煌簡 0007A

金關 T23:974

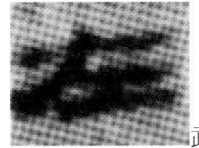

武·儀禮甲《士相見之禮》9

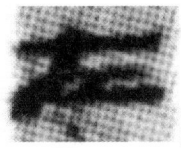

武·甲《特牲》23

武·甲《少牢》2

武·甲《有司》15

東牌樓 065 背

北壹·倉頡篇 10

○猷僰左右

吳簡嘉禾·九七五二

歷代印匋封泥

廿世紀璽印二-GP

○左宮田左

廿世紀璽印二-GP

○左監

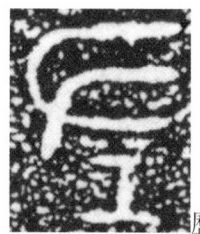

歷代印匋封泥

歷代印匋封泥

歷代印匋封泥

歷代印匋封泥

歷代印匋封泥

○陳□參立事左里敀亭區

歷代印匋封泥

歷代印匋封泥

歷代印匋封泥

歷代印匋封泥

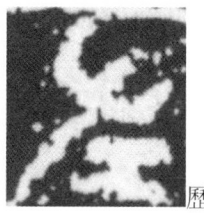

歷代印匋封泥

○左監

歷代印匋封泥

○左戠

秦代印風

秦代印風

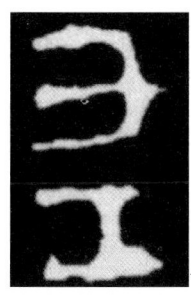

廿世紀璽印三-SP

○左胡

廿世紀璽印三-GP

○右美宮左

漢晉南北朝印風

廿世紀璽印三-SY

○左克

漢晉南北朝印風

○左倚期

廿世紀璽印三-GY

○費左尉印

廿世紀璽印四-GY

○隋左尉印

漢代官印選

柿葉齋兩漢印萃

○左大將軍章

漢代官印選

○左內史印

2141　第五卷

漢印文字徵

○左長孫印

漢晉南北朝印風

○魏盧奴左長

漢晉南北朝印風

○左戎私印

漢晉南北朝印風

漢晉南北朝印風

秦公大墓石磬

石鼓・田車

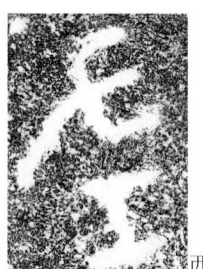

西漢・霍去病墓題字

○左

東漢・營陵置社碑

○左尉豫章南昌孫揚

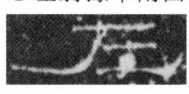

東漢・沈府君神道闕

東漢・夏承碑

東漢・佐孟機崖墓題記

○左右有四穴

西晉・荀岳誌

○司徒左西曹掾

西晉·臨辟雍碑

東晉·王丹虎誌

北魏·李蕤誌

北魏·王蕃誌

○詔賜尚書左僕

北魏·嚴震誌

○奉帝左右

北魏·元廣誌

○長陵之左

北魏·元孟輝誌

○尚書左僕射

北魏·元瓚誌

○贈使持節左將軍齊州刺史

北魏·穆亮誌

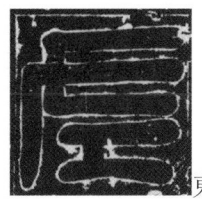

東魏·封延之誌蓋

○尚書左僕射

北齊·高潤誌蓋

○左丞相

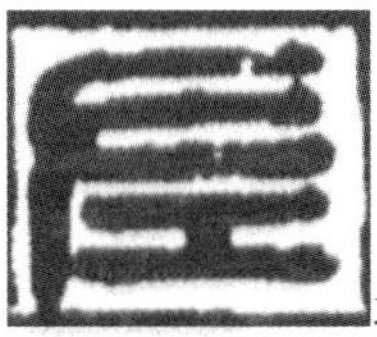

北齊·傅華誌蓋

○尚書左僕射

【差】

《説文》：差，貳也。差不相值也。从左从巫。

【差】

《説文》：差，籀文差从二。

2143

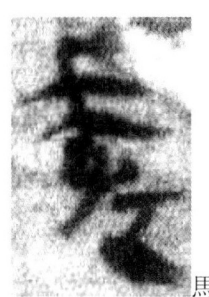

馬壹 113_41\392

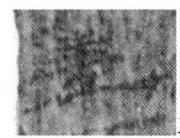

敦煌簡 0568

○易爲差不爲水道

金關 T10:131

東牌樓 146

北壹・倉頡篇 32

○差費歠酹

歷代印匋封泥

○土陶差

秦代印風

○路差

秦代印風

○差

廿世紀璽印三-SY

○楊差

漢印文字徵

○賈差

漢印文字徵

○差

漢印文字徵

○貫差

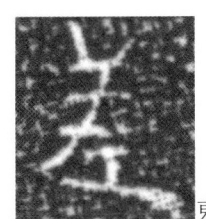

東漢・許安國墓祠題記

○臺閣參差

東漢・石祠堂石柱題記

○差於路食

西晉・臨辟雍碑

北魏・元欽誌

○報善參苙（差）

北魏・張玄誌

○瓊玉參苙（差）

北魏・元子直誌

○福極參苙（差）

北齊・婁叡誌

工部

【工】

《說文》：工，巧飾也。象人有規榘也。與巫同意。凡工之屬皆从工。

【㣇】

《說文》：㣇，古文工从彡。

戰晚・上造但車专

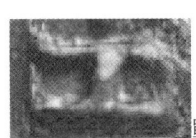

戰晚・囗年相邦呂不韋戈

戰晚・邵宮和

2145

第五卷

西晚・不其簋
漢銘・陽朔四年鍾 
漢銘・醫工盆 
漢銘・上林銅鼎一 
漢銘・橐泉宮行鐙 
睡・秦律十八種 99 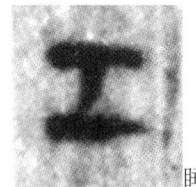
睡・秦律雜抄 17 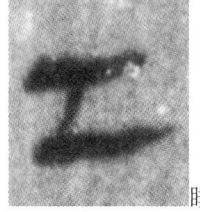
獄・為吏 81

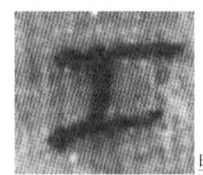

里・第八層 463
馬壹 93_317 
銀壹 582 
敦煌簡 0253 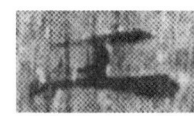
金關 T23:980 
北壹・倉頡篇 3 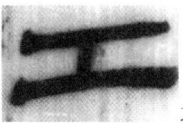
○毒藥醫工
歷代印匋封泥 
廿世紀璽印二-SP 
廿世紀璽印二-SP

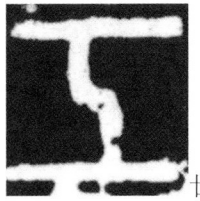

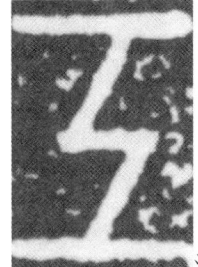

廿世紀璽印三-GP	廿世紀璽印四-GY
 秦代印風	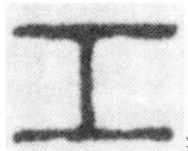 漢晉南北朝印風
 歷代印匋封泥	石鼓・車工
歷代印匋封泥	○吾車既工
 漢晉南北朝印風	 西漢・李后墓塞石
歷代印匋封泥	 東漢・成陽靈臺碑
柿葉齋兩漢印萃	 東漢・曹全碑陽
	○百工戴恩
柿葉齋兩漢印萃	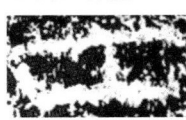 東漢・祀三公山碑
	 東漢・任城王墓黃腸石
	○無監石工浩大
漢晉南北朝印風	 東漢・營陵置社碑

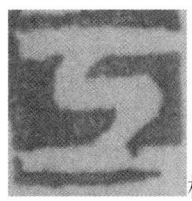

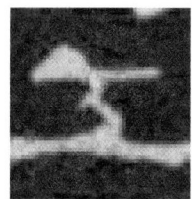

西晉·臨辟雍碑

○下至樂工

北魏·李榘蘭誌

北魏·元襲誌

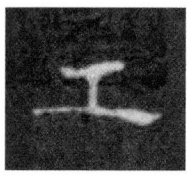

東魏·元顯誌

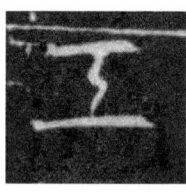

東魏·盧貴蘭誌

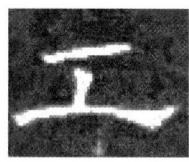

○工容備舉

北齊·盧脩娥誌

【式】

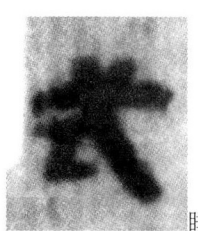

《說文》：式，法也。从工弋聲。

睡·秦律十八種 66

○不如式者不行金布

睡·封診式 99

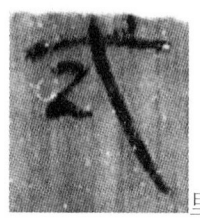

○封診式

獄·為吏 87

里·第八層 477

馬壹 97_61

馬壹 46_59 下

張·蓋盧 48

○瀘式留難必得者

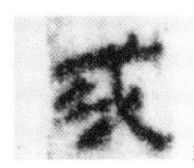

銀壹 583

○若弗式（識）騦

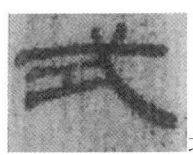

北貳・老子 80

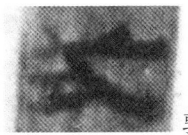

敦煌簡 1309

金關 T21:124

○兩彭式長八尺用三

東牌樓 066 背

廿世紀璽印三-SY

廿世紀璽印三-SY

○范式之印

廿世紀璽印三-SY

○趙式印信

漢印文字徵

○封式之印

漢印文字徵

○謝式

漢印文字徵

○趙脩式印

漢印文字徵

○丁式私印

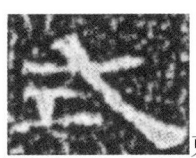

東漢・趙寬碑

西晉·石尠誌

北魏·胡明相誌

北魏·韓顯宗誌

○立式存謨

北魏·元彬誌

○式揚清塵

北魏·元簡誌

○式述徽蹤

北魏·司馬紹誌

○式述遺烋

北魏·元靈曜誌

北魏·元肅誌

○天子式瞻

北魏·趙光誌

○式標來葉

東魏·元季聰誌

【巧】

《說文》：巧，技也。从工丂聲。

睡·為吏 12

○恒行巧而威故移

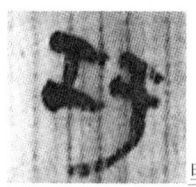

里·第八層 1423

○陵吏巧詐

馬壹 146_60/234 上

馬壹 3_13 上
○二巧（篾）可用享

張·奏讞書 153

銀壹 352

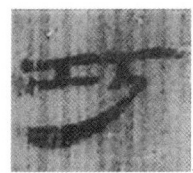

北貳·老子 23

○詘大巧如拙大盛如

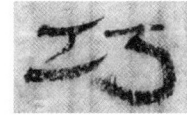

金關 T21:087

○巧

北壹·倉頡篇 5

○便巪巧巫

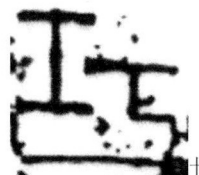

廿世紀璽印三-GP

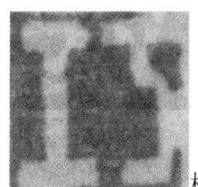

柿葉齋兩漢印萃

歷代印匋封泥

○技巧錢丞

漢印文字徵

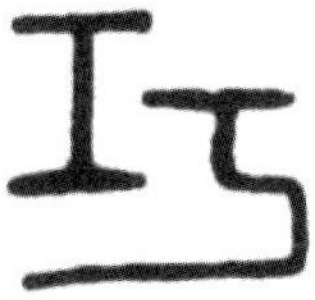

漢印文字徵

漢晉南北朝印風

漢晉南北朝印風

懷后磬

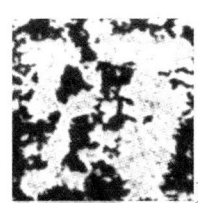

東漢·析里橋郙閣頌

北魏·暉福寺碑

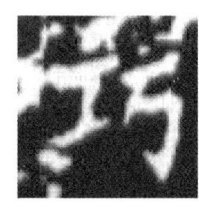

北魏·常岳等造像

東魏·嵩陽寺碑

北齊·劉碑造像

○巧殊世外

【巨】

《說文》：巨，規巨也。从工，象手持之。

【榘】

《說文》：榘，巨或从木、矢。矢者，其中正也。

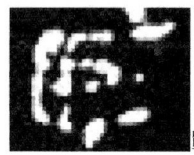

【𢀜】

《說文》：𢀜，古文巨。

戰晚·上郡武庫戈

戰晚·二年上郡守冰戈

漢銘·大吉壺一

漢銘·巨孔鍾

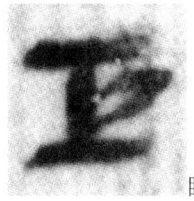

睡·語書 5

○毋巨（岠）於皋

里·第八層背 711

馬壹 89_228

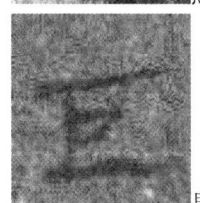

馬貳 98_17

張·算數書 29

敦煌簡 0062
○尉任巨通

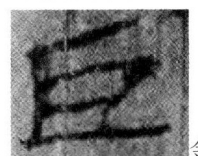

金關 T23:359A
○宋巨卿坐前毋恙

歷代印匋封泥
○右宮巨心

廿世紀璽印二-SP

廿世紀璽印三-SY

漢印文字徵
○巨矦万匹

漢印文字徵
○巨炅千万

漢印文字徵
○趙巨君

漢代官印選

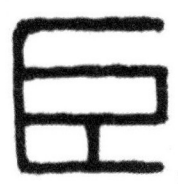

漢印文字徵
○郭巨言事

漢晉南北朝印風
○巨趙是印

漢晉南北朝印風

漢晉南北朝印風
○巨蔡千萬

漢晉南北朝印風
○巨趙大萬

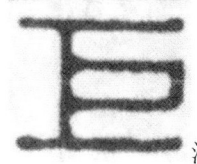

漢晉南北朝印風

漢晉南北朝印風

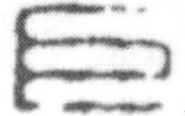

漢晉南北朝印風

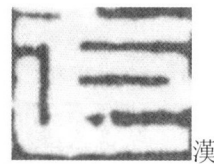

漢晉南北朝印風
〇趙巨君印

漢晉南北朝印風
〇巨束千萬

西漢・霍去病墓題字
〇平原樂陵宿伯牙霍巨孟

東漢・洛陽刑徒磚
〇髡鉗趙巨元初

東漢・張遷碑陰
〇故吏范巨錢四百

東漢・營陵置社碑

東漢・武氏石室祥瑞圖題字

東漢・三公山碑

東漢・買田約束石券

三國魏・曹真殘碑
〇□□領司金丞扶風韋昶巨文

北魏・李超誌
〇巨政崇治

北魏・元天穆誌

北魏・張玄誌
〇巨鹿

北魏·元宥誌

○若夫分源巨壑

北魏·元暐誌

○東濱巨海

北魏·元欽誌

北魏·尉氏誌

北魏·楊熙儼誌

○方圓規榘（矩）

北魏·石婉誌

○心懷巨寶

北魏·元悌誌

○運茲巨力

東魏·李憲誌

北齊·感孝頌

北齊·高潤誌

北齊·柴季蘭造像

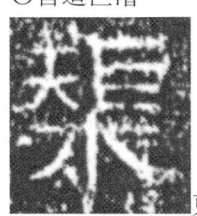

○旨道巨潘

東漢·北海相景君碑陽

○規策榘謨

北魏·李榘蘭誌

○諱榘蘭

〖棬〗

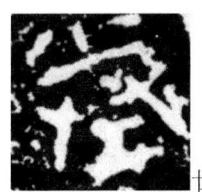

廿世紀璽印二-SP

○咸陽巨桼

㠭部

【㠭】

《說文》：㠭，極巧視之也。从四工。凡㠭之屬皆从㠭。

【寑】

《說文》：寑，室也。从㠭从廾，室宀中。㠭猶齊也。

巫部

【巫】

《說文》：巫，祝也。女能事無形，以舞降神者也。象人兩褎舞形。與工同意。古者巫咸初作巫。凡巫之屬皆从巫。

【覡】

《說文》：覡，古文巫。

睡·日甲《毀棄》120

獄·多小案88

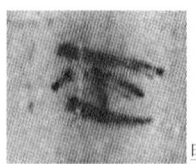

里·第八層34

馬壹39_17下

馬壹13_82上

馬貳9_17下

張·秩律448

金關T31:051A

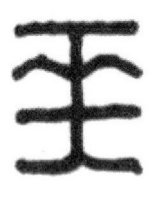

漢印文字徵

○巫馬篕印

漢印文字徵

○巫左

漢印文字徵

○巫訢私印

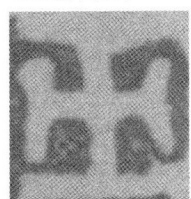

柿葉齋兩漢印萃

○巫平印信

漢印文字徵

○巫馬禹印

漢印文字徵

○巫訢私印

漢印文字徵

○巫息私印

漢印文字徵

○巫信平印

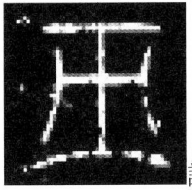

詛楚文·巫咸

○大神巫咸

三國魏·三體石經尚書·隸書

○巫咸乂王

三國魏·三體石經尚書·篆文

○巫咸乂王

三國魏·三體石經尚書·古文

○巫咸乂王

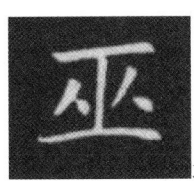

北魏·胡明相誌

東魏·王令媛誌

○巫山晻曖

【覡】

《说文》：覡，能齋肅事神明也。在男曰覡，在女曰巫。从巫从見。

甘部

【甘】

《説文》：甘，美也。从口含一。一，道也。凡甘之屬皆从甘。

漢銘・池陽宮行鐙

漢銘・承安宮鼎一

漢銘・弘農宮銅方鑪

漢銘・右丞宮鼎

漢銘・承安宮鼎二

獄・為吏 5

○不時甘言毒也

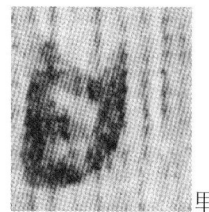

里・第八層 1057

○甘草

馬壹 9_49 上

○六三甘林（臨）无攸利

馬貳 205_29

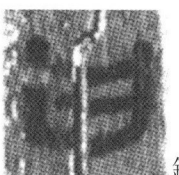

銀貳 1697

○冬毋犯水甘泉出

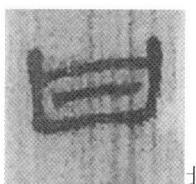

北貳・老子 119

○甘其食美其服

敦煌簡 2110

○甘露二年十一

金關 T05：068A

○甘露四年

廿世紀璽印二-SP

○甘

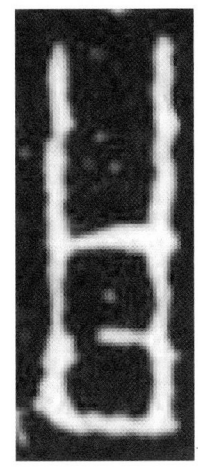

○甘黑　廿世紀璽印三-SY

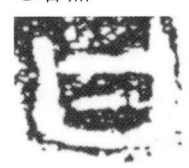

○甘　歷代印匋封泥

○甘樂平　廿世紀璽印三-SY

○中甘大老　漢晉南北朝印風

○甘楑言事　廿世紀璽印四-SY

○甘丹大利　漢印文字徵

○甘陵廄丞　漢印文字徵

○甘泉倉長　漢代官印選

○甘雨屢降　東漢・許阿瞿畫像石題記

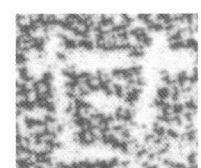

東漢・祀三公山碑

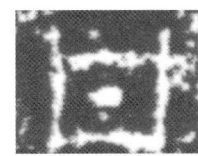

○著甘棠兮　東漢・北海相景君碑陽

東漢・許安國墓祠題記

東漢・楊統碑陽

東漢・五瑞圖摩崖

○甘露降

東漢・成陽靈臺碑

東漢・行事渡君碑

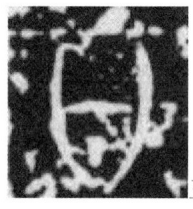

三國魏・三體石經尚書・古文

○時則有若甘盤

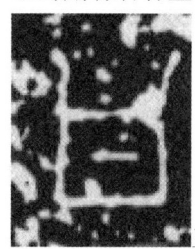

三國魏・三體石經尚書・篆文

○時則有若甘盤

三國魏・三體石經尚書・隸書

○時則有若甘盤

北魏・元熙誌

北魏・元悌誌

北齊・趙熾誌

○甘棠之地

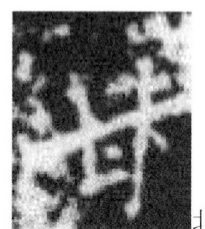

北齊・報德像碑

【䑙（甜）】

《説文》：䑙，美也。从甘从舌。舌，知甘者。

北魏・王遺女誌

○其宰調酸甜

【𪒴】

《説文》：𪒴，和也。从甘从麻。麻，調也。甘亦聲。讀若函。

【猒】

《説文》：猒，飽也。从甘从肰。

【猒】

《説文》：猒，猒或从目。

馬壹 43_37 上

○而弗猒也

馬壹 15_5 上\98 上

○訽猒在廷

銀壹 184

○是胃（謂）猒守

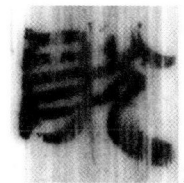

北壹·倉頡篇 20

○飲猒然稀

北魏·石育及妻戴氏誌

○樂陵猒次人

【甚】

《說文》：甚，尤安樂也。从甘，从匹耦也。

【匹】

《說文》：匹，古文甚。

睡·為吏 2

關·病方 325

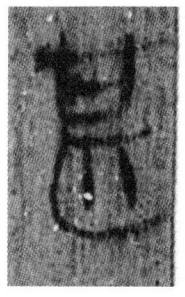

里·第八層 508

馬壹 176_48 下

馬壹 80_9

馬壹 81_38

馬壹 88_193

馬壹 110_155\324

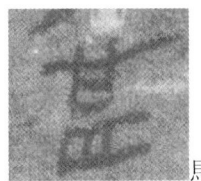

馬貳 119_206/205

馬貳 9_18 下

張·奏讞書 165

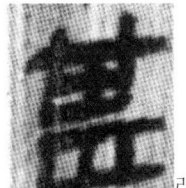

張·蓋盧 33

張·脈書 24

銀壹 844

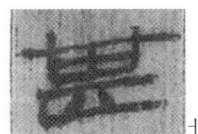

北貳·老子 44

敦煌簡 1455A
○幸甚

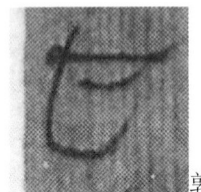

敦煌簡 1000B
○幸甚

金關 T24:790

金關 T07:013A
○恩澤甚深厚

武·王杖 4

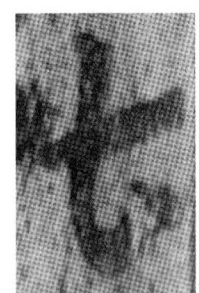

東牌樓 066 正
○幸甚幸甚

東牌樓 060 背

魏晉殘紙

○平安幸甚

魏晉殘紙

○甚休

詛楚文・亞駝

○道淫失甚亂

東漢・七言摩崖題記

○甚無忘

東漢・曹全碑陽

西晉・荀岳誌

北魏・元暉誌

北魏・封魔奴誌

○上甚奇焉

北齊・無量義經二

北齊・張忻誌

○於今尤甚

北齊・司馬遵業誌

曰部

【曰】

《說文》：曰，詞也。从口乙聲。亦象口气出也。凡曰之屬皆从曰。

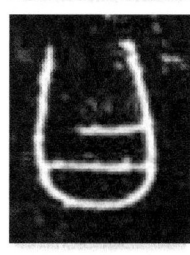

西晚・不其簋

春早・秦公鎛

春早・秦公鐘

第五卷

漢銘·杜鼎一

漢銘·杜鼎二

漢銘·新成鼎

睡·效律 27
○籍之曰

睡·秦律雜抄 35
○歸辭曰

睡·法律答問 46
○告吏曰

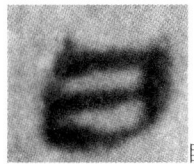

睡·日甲《盜者》82

睡·日甲 8
○五日曰杵

睡·日乙 106
○步三曰皋

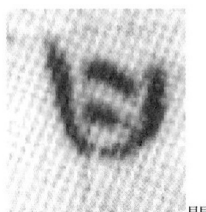

關·病方 338
○米祝曰

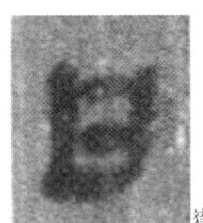

獄·為吏 43
○曰貴而企

獄·數 123

○述（術）曰各直（置）一日

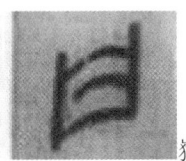

獄·芮盜案 67
○材曰巳（已）有棺列

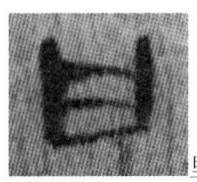

里·第八層 209
○歐辥曰上造居成固

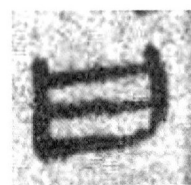

馬壹 13_1 上\94 上

2164

○子問曰《易》屢稱

馬壹 111_8\359

○志曰天曰【地】

馬貳 134_11/66

○一曰以田豕邋

張·奏讞書 9

○媚曰不當爲婢

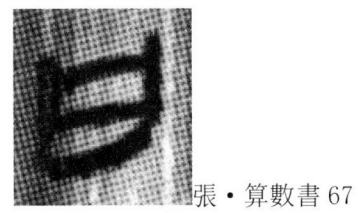

張·算數書 67

○術曰以二斗七升

張·引書 8

○下卅曰交股

銀壹 346

○五地之勝曰

銀貳 1223

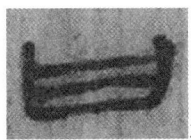

北貳·老子 86

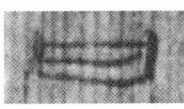

敦煌簡 0786

○劾曰男子甲乘車□

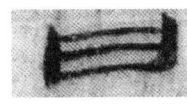

金關 T31:149

○禹劾曰案日勒言斷

武·儀禮甲《士相見之禮》7

○門外曰

武·儀禮甲《服傳》20

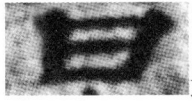

○野人曰

武·甲《少牢》29

武·王杖 2

歷代印匋封泥

○鱣里曰成

歷代印匋封泥

○曰宜□

秦公大墓石磬

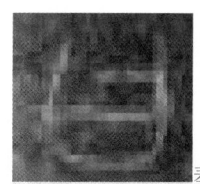

秦駰玉版

詛楚文·巫咸

○已壹曰

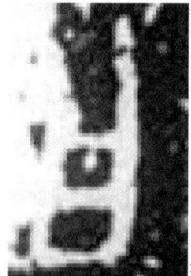

瑯琊刻石

○皇帝曰

懷后磬

泰山刻石

○曰葉萬子孫

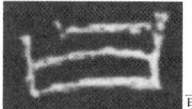

東漢·桐柏淮源廟碑
○用作頌其辭曰

東漢·成陽靈臺碑
○氏姓曰伊

東漢·成陽靈臺碑
○名曰靈臺

東漢·從事馮君碑

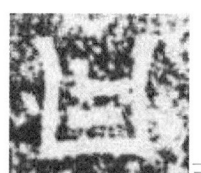

三國吳·天發神讖碑

三國魏·三體石經尚書·古文
○告之曰

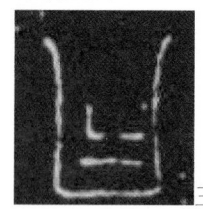

三國魏·三體石經尚書·篆文
○告之曰

三國魏·三體石經尚書·隸書

○告之曰

北魏·薛慧命誌

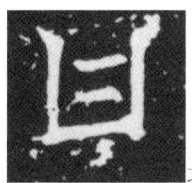

北魏·寇俊誌

北齊·是連公妻誌

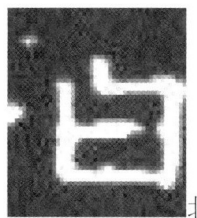

北齊·狄湛誌

北齊·傅華誌

【曶】

《說文》：曶，告也。从曰从冊，冊亦聲。

【曷】

《說文》：曷，何也。从曰匃聲。

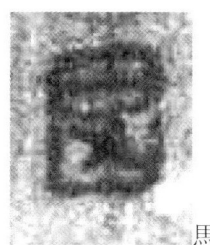

馬壹 37_37 下

○暑不曷（暍）

武·儀禮甲《服傳》19

○曷爲後大宗也

東漢·譙敏碑

東漢·楊著碑陽

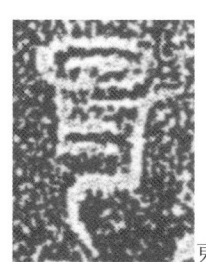

東漢·郎中鄭固碑

○猒（獨）曷敢忘

北魏·元舉誌

北魏·元欽誌

北魏·元恪嬪李氏誌

北魏·馮季華誌

○曷寄聲彩

【丂】

《説文》：丂，出气詞也。从曰，象气出形。《春秋傳》曰："鄭太子丂。"

【𠃑】

《説文》：𠃑，籀文丂。一曰佩也。象形。

東漢·樊敏碑

○奄丂臧形

北魏·赫連悅誌

○握丂（笏）之勤

【朁】

《説文》：朁，曾也。从曰兓聲。《詩》曰："朁不畏明。"

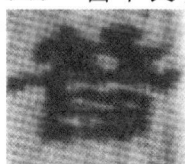

武·儀禮甲《服傳》7

○總朁（箭）栞

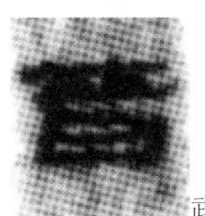

武·甲《泰射》60

○北面朁三挾一

漢印文字徵

○朁房之印

漢印文字徵

○北海劇朁澄敬憙私印

漢印文字徵

○朁印震之

東漢·北海相景君碑陰

○故騎吏劇晉譬麟

【沓】

《說文》：沓，語多沓沓也。从水从曰。遼東有沓縣。

敦煌簡 639C

○沓譔黃文

金關 T07:013A

○收沓恩澤甚深厚成

北壹・倉頡篇 19

○沙遮迣沓詢鋒

漢印文字徵

○沓丞之印

漢印文字徵

○續沓之印

漢印文字徵

○邯鄲沓

漢印文字徵

○趙沓

漢印文字徵

○趙沓

漢晉南北朝印風

○邯鄲沓

北魏・元項誌

○風俗雜沓

北魏·于景誌

○沓沓（杳杳）玄堂

【曹】

《說文》：𣍘，獄之兩曹也。在廷東。从棘，治事者；从曰。

漢銘·大司農權

漢銘·陽信家溫酒器一

漢銘·大司農權

漢銘·光和斛二

漢銘·曹氏量

漢銘·陽信家溫酒器一

睡·秦律雜抄 19

睡·法律答問 199

○而曹鬭相趣

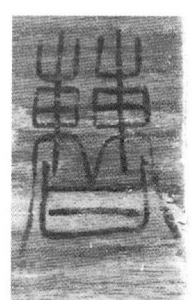

里·第八層 1201

○倉曹廿九年當計出

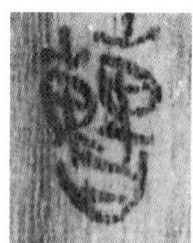

里·第八層 241

馬貳 204_15

敦煌簡 1838

○兵曹書佐蓬卿用棨

金關 T08:051A

○尉史曹解掾

金關 T02:040

○曹卒卅八人

東牌樓 104 背

○左倉曹

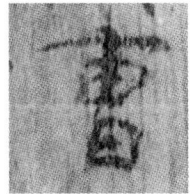

東牌樓 070 背

○右辭曹傳曹史問令

吳簡嘉禾・四・一六一

○田戶曹史趙野張惕

吳簡嘉禾・五・二九一

○田戶曹史張惕

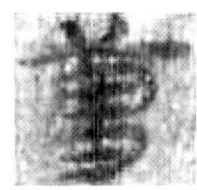

吳簡嘉禾・五・二一六

○蔡曹佃田七町

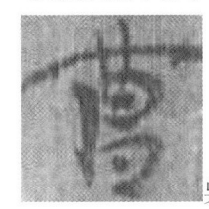

吳簡嘉禾・五・四三九

吳簡嘉禾・五・一〇

歷代印匋封泥

○曹不悴

歷代印匋封泥

○曹市

廿世紀璽印三-SY

廿世紀璽印三-SY

○曹嬽

廿世紀璽印三-SY

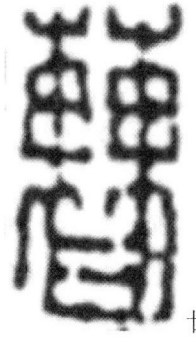

廿世紀璽印三-SY

○曹憲

漢印文字徵

漢印文字徵

漢印文字徵

○曹誼

漢代官印選

漢代官印選

漢代官印選

第五卷

漢代官印選

柿葉齋兩漢印萃

○曹从私印

漢代官印選

廿世紀璽印四-SY

漢晉南北朝印風

廿世紀璽印四-SP
○四九曹

漢晉南北朝印風

漢晉南北朝印風

漢晉南北朝印風

漢晉南北朝印風
○曹媻

2173

東漢・石門頌

東漢・文叔陽食堂畫像石題記

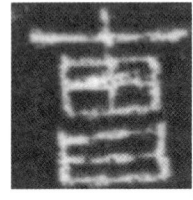

○故曹史

東漢・石祠堂石柱題記

○縣諸曹市掾

東漢・張景造土牛碑

東漢・桐柏淮源廟碑

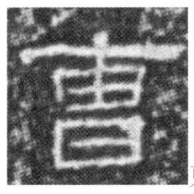

○功曹史安眾劉瑗

東漢・史晨後碑

○功曹史孔淮

東漢・夏承碑

東漢・曹全碑陽

東漢・開母廟石闕銘

○戶曹史夏效

三國魏・三體石經春秋・古文

○復歸于曹

三國魏・三體石經春秋・篆文

○許曹伯襄

三國魏・三體石經春秋・隸書

○許曹伯襄復歸于曹

北魏・寇治誌

○崇闈禮曹

2174

北魏·丘哲誌

○四曹尚書

北魏·鄭黑誌

北齊·赫連子悅誌

【遷】

吳簡嘉禾·四·四四七

○男子張遷

漢印文字徵

○袁遷印信

東漢·孔宙碑陰

○弟子北海劇陸遷

東漢·北海相景君碑陰

○故脩行營陵力遷

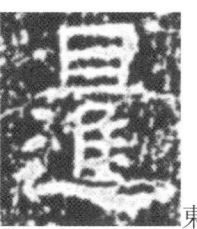

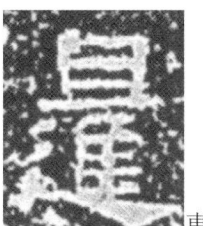

東漢·北海相景君碑陰

○故脩行都昌台丘遷

乃部

【乃】

《說文》：乃，曳詞之難也。象气之出難。凡乃之屬皆从乃。

【㝉】

《說文》：㝉，古文乃。

【卥】

《說文》：卥，籀文乃。

戰晚·左樂兩詔鈞權

西晚·不其簋

戰晚・新鄭虎符

秦代・始皇詔版一

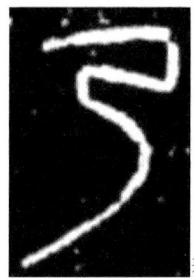

秦代・始皇詔銅橢量四

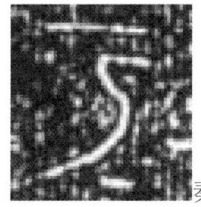

秦代・北私府銅橢量

秦代・始皇十六斤銅權一

秦代・大騩銅權

秦代・兩詔銅權三

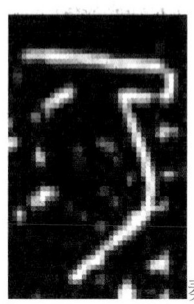

秦代・始皇詔銅橢量一

漢銘・聖主佐宮中行樂錢

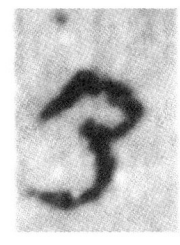

睡・秦律十八種 128

睡・效律 39

睡・秦律雜抄 41

〇乃令增塞埤塞

2176

睡·法律答問 162

睡·封診式 70

睡·為吏 4

睡·日甲《詰》64

睡·日甲《除》3

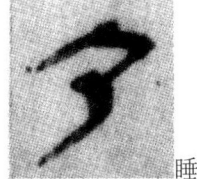

睡·日甲《詰》60

嶽·占夢書 11

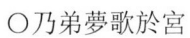

○乃弟夢歌於宮

嶽·數 156

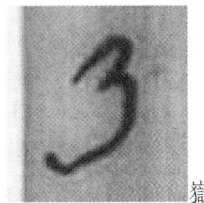

嶽·識劫□案 122

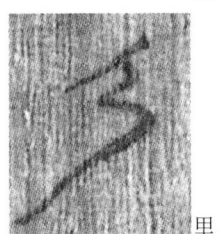

里·第八層 758

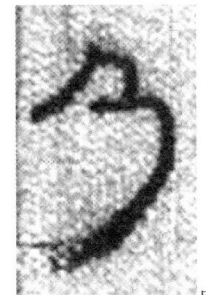

馬壹 172_10 下

馬壹 98_72

馬壹 89_233

馬壹 83_95

○乃來靜得三今
馬壹 259_4 下\20 下

馬貳 204_16

馬貳 212_3/104

張・具律 106

張・奏讞書 199

張・引書 54

銀壹 679

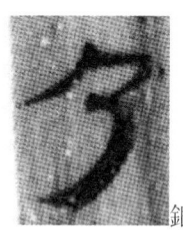

銀貳 2086

北貳・老子 45

敦煌簡 0113

金關 T23:238

武‧甲《特牲》44

○祭舉乃食祭刑

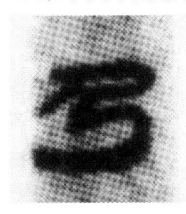

武‧甲《少牢》44

○士乃辨（辯）

武‧甲《少牢》11

○乃舉陳鼎于廟

武‧甲《有司》52

○卒乃撼（縮）

武‧甲《有司》18

○乃載于羊俎卒

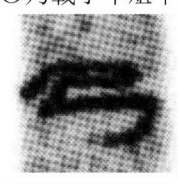

武‧甲《燕禮》43

武‧甲《泰射》50

○乃射上

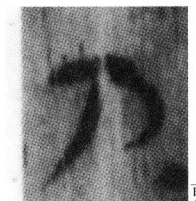

東牌樓 035 背

○冀見乃得公

廿世紀璽印三-SP

○李乃始印

歷代印匋封泥

○李乃始印

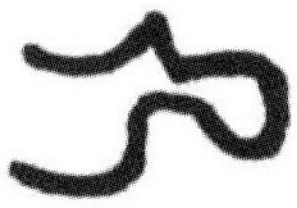

漢印文字徵

○邵乃始

漢印文字徵

○解乃

漢印文字徵

○尹乃始

漢印文字徵

○羊乃始印

漢印文字徵

○趙乃始

漢印文字徵

○毛乃始

漢晉南北朝印風

○株乃始印

漢晉南北朝印風

○尹乃始

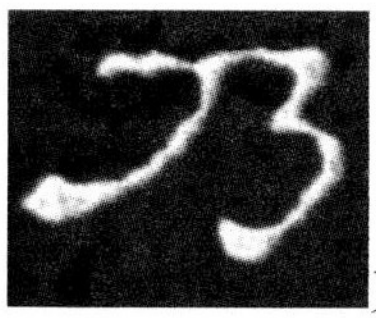

東漢・楊震碑

東漢・北海相景君碑陽

○乃作誄曰

三國魏・孔羨碑

三國魏・三體石經尚書・古文

○耶（聖）人乃訓之

三國魏・三體石經尚書・隸書

○聽（聖）人乃訓之

三國魏・三體石經尚書・篆文

○聽（聖）人乃訓之

西晉・司馬馗妻誌

北魏・馮季華誌

○乃霸乃王之盛

西魏・辛茛誌

2180

○乃鎮守雍州

【迺】

《說文》：卥，驚聲也。从乃省，西聲。籀文卥不省。或曰卥，往也。讀若仍。

【卥】

《說文》：卥，古文卥。

睡·封診式 17
○某里迺四月中盜牛

獄·暨過案 99
○迺十月己酉暨

獄·得之案 183
○迺（逎）之

里·第八層 140
○已以迺十一月戊寅

里·第八層 2085
○迺三月戊□

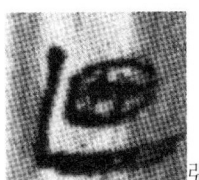

張·奏讞書 100
○迺巳（已）嘉

金關 T24：557
○迺甲申直隧長鱳得

金關 T31：069
○龍常迺己酉除爲稽

金關 T04：172
○迺

漢印文字徵
○薛迺始

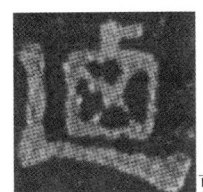

東漢·楊統碑陽
○迺鐫石立碑

2181

東漢・楊統碑陽
○後迺徵拜議郎

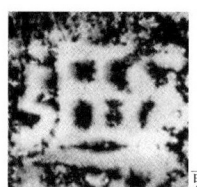

東漢・買田約束石券
○迺以永平十五年六月中造起僤

北魏・韓顯宗誌
○迺鐫製幽銘

北魏・楊穎誌

北魏・元簡誌
○迺鏤石口銘

北魏・楊穎誌
○至迺孝悌始於岐嶷

北魏・元引誌
○迺作銘曰

北魏・元謐誌
○迺神迺傑

北魏・郭顯誌
○迺作中候

北魏・元欽誌
○迺贈侍中

北魏・楊穎誌
○睿哲迺生

北魏・崔鴻誌
○迺請君爲右長史

北魏・高珪誌
○迺蕃迺牧

北齊・劉悅誌
○迺作銘曰

北齊·高百年誌

〇宸心迺眷

【卤】

《說文》：卤，气行皃。从乃卤聲。讀若攸。

丂部

【丂】

《說文》：丂，气欲舒出。勹上礙於一也。丂，古文以爲亏字，又以爲巧字。凡丂之屬皆从丂。

【粤】

《說文》：粤，亟詞也。从丂从由。或曰粤，俠也。三輔謂輕財者爲粤。

【寧】

《說文》：寧，願詞也。从丂寍聲。

漢銘·信都食官行鐙

漢銘·長樂飤官鼎

漢銘·寧陵侯銅鑒

漢銘·桂宮鴈足鐙

漢銘·中宮鴈足鐙

睡·為吏37

〇民心乃寧

馬壹122_25上

〇逆成國將不寧

馬壹13_88上

〇有它不寧

張・奏讞書 181

○歸寧卅日

銀貳 2078

○國不寧

敦煌簡 2052

○漕孝寧方

敦煌簡 0058

○寧發盧水五百人

金關 T08:009

○竟寧元年七月戊辰

東牌樓 003 背

○得寧

東牌樓 050 正

○府門寧□□

廿世紀璽印二-GP

○寧秦

歷代印匋封泥

○寧秦

歷代印匋封泥

○寧秦丞印

歷代印匋封泥

○寧趙里附城

第五卷

漢晉南北朝印風
○寧陳男家丞

廿世紀璽印三-GY
○朔寧王太后璽

漢晉南北朝印風
○朔寧王太后璽

柿葉齋兩漢印萃
○寧遠將軍章

漢印文字徵
○寧侯邑丞

漢印文字徵
○里君寧印

漢印文字徵
○寧陽丞印

漢晉南北朝印風
○永寧男相

漢晉南北朝印風
○牛寧印

漢晉南北朝印風
○寧東將軍司馬

廿世紀璽印四-GY
○寧遠將軍章

2185

漢晉南北朝印風
○寧遠將軍章

石鼓・吾水

東漢・建寧三年殘碑
○建寧三年

東漢・石門頌
○烝烝艾寧

東漢・夏承碑
○建寧三年

東漢・曹全碑陽
○建寧二年

西漢
○建寧元年九月辛酉……

東漢・從事馮君碑
○友寧然後

東漢・肥致碑
○建寧二年

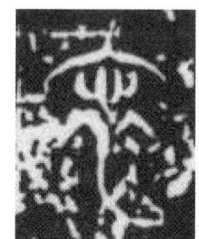

三國魏・三體石經尚書・古文
○惟寧王德

三國魏・三體石經尚書・篆文
○曰天不可信我迪惟寧王德

西晉・郭槐柩記

北魏·吐谷渾璣誌

○除寧西將軍長安鎮將

北魏·元煥誌蓋

○魏故寧朔將軍諫議大夫龍驤將軍荊州刺史廣川孝王墓誌銘

北魏·元寧誌

○寧君量略

北魏·王遺女誌

○瘞于終寧陵之北阿

北魏·叔孫協及妻誌

北魏·元廣誌

北魏·萬福榮造像

○國土康寧

北魏·趙光誌

東魏·司馬韶及妻侯氏誌

北周·宇文儉誌

【ㄎ】

《說文》：ㄎ，反丂也。讀若呵。

可部

【可】

《說文》：可，肯也。从口丂，丂亦聲。凡可之屬皆从可。

戰國·四年相邦呂戈

睡・秦律十八種 89

睡・效律 24

睡・法律答問 11

睡・為吏 1

睡・日甲 104

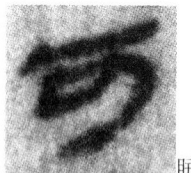

睡・日甲《病》87

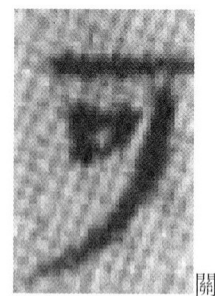

關・日書 221

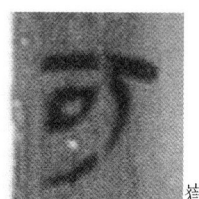

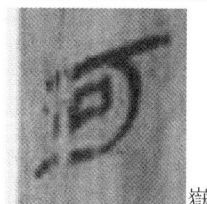

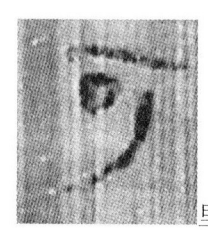

獄・為吏 74

獄・數 4

獄・芮盜案 65

里・第八層 152

馬壹 81_43

馬壹 5_25 上

張·金布律 420

張·奏讞書 119

張·蓋盧 26

張·脈書 62

銀壹 858

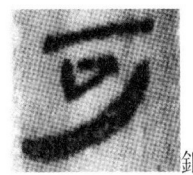

銀貳 1863

北貳·老子 219

敦煌簡 0616B

敦煌簡 1300

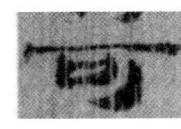

金關 T23:147

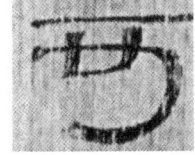

金關 T02:079

○不可入腸

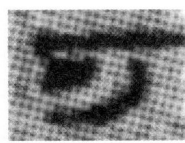

武·儀禮甲《士相見之禮》13

東牌樓 070 背

魏晉殘紙

秦代印風

秦代印風

秦代印風

廿世紀璽印三-SY

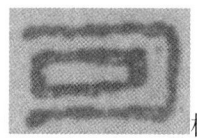

柿葉齋兩漢印萃

○可

漢印文字徵

漢印文字徵

柿葉齋兩漢印萃

○高可印

漢晉南北朝印風

○董可

漢晉南北朝印風

○牛步可之印

漢晉南北朝印風

漢晉南北朝印風

漢晉南北朝印風

秦駰玉版

詛楚文・巫咸

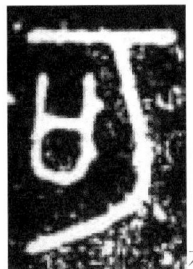

石鼓・汧殹

泰山刻石

東漢・乙瑛碑

東漢・成陽靈臺碑

三國魏・三體石經尚書・古文

北魏・元朗誌

北魏・元壽安誌

【奇】

《説文》：奇，異也。一曰不耦。从大从可。

睡・法律答問 161

睡・日甲《詰》26

里・第八層背 209

馬壹 121_7 下

馬壹 78_91

馬貳 12_4

張·奏讞書 213

銀貳 1186

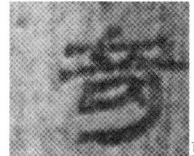

敦煌簡 1151

金關 T23:657

廿世紀璽印二-SP

廿世紀璽印二-SP

歷代印匋封泥

秦代印風

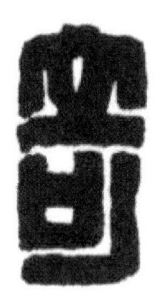

漢印文字徵

漢印文字徵

東漢·東漢·婁壽碑陽

東漢·趙寬碑

北魏·元恩誌

北魏·陶浚誌

北魏·元珍誌

北魏·元璨誌

北周·時珍誌

睡·日甲《稷叢辰》40

○飲食哥（歌）樂

北魏·仲練妻蔡氏等造像

○孫子男豬哥膽哥

北周·盧蘭誌

○飄颻哥（歌）挽

北周·匹婁歡誌

○謳哥（歌）改運

北周·華岳廟碑

○清哥（歌）緩節

【哿】

《説文》：哿，可也。从可加聲。《詩》曰："哿矣富人。"

【哥】

《説文》：哥，聲也。从二可。古文以爲謌字。

【叵】

《説文》：叵，不可也。从反可。

東漢·北海太守爲盧氏婦刻石

○簡□叵數

北魏·李超誌

○衆寶叵蓋

北齊·宋買等造像

○尋形叵遍

兮部

【兮】

《說文》：兮，語所稽也。从丂，八象气越丂也。凡兮之屬皆从兮。

漢銘·□君子兮器

敦煌簡 2253

○日不顯目兮

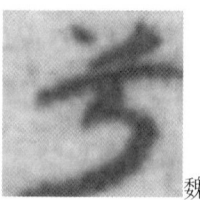

魏晉殘紙

○其心深詩兮

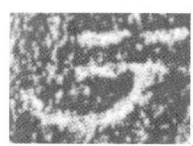

東漢·爲父通作封記刻石

○集神門兮

東漢·鮮於璜碑陽

○國無人兮王庭空

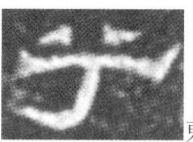

東漢·景君碑

○久而榮兮

東漢·成陽靈臺碑

東漢·成陽靈臺碑

東漢·成陽靈臺碑

晉·洛神十三行

2194

○余□其淑美兮

北魏·元譚妻司馬氏誌

○紛兮若在

北魏·元寧誌

○如可贖兮

北魏·弔比干文

○象曖曃而掩鬱兮

北魏·弔比干文

○沉湎而不知申兮

北魏·元澄妃誌

○命兮弗延

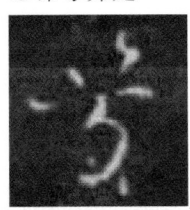

東魏·元鷙誌

北齊·元始宗誌

○魂兮遂爽

【勻】

《說文》：勻，驚辭也。从兮旬聲。

【惸】

《說文》：惸，勻或从心。

【羲】

《說文》：羲，气也。从兮義聲。

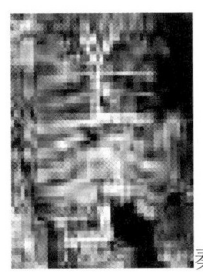

秦駰玉版

○羲（犧）第四行

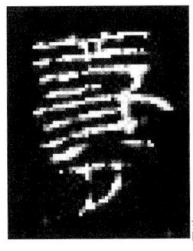

詛楚文·巫咸

○圭玉犧牲

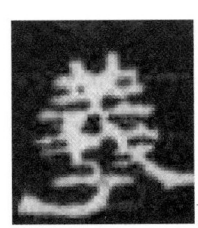

西晉·臨辟雍碑

北魏·元項誌

○載協重義

北魏・皇興五年造像
○自靈羲掩曜

【乎】

《説文》：乎，語之餘也。从兮，象聲上越揚之形也。

馬壹 137_64 下/141 下

馬壹 16_6 下\99 下

馬貳 33_1 下

銀壹 433

銀貳 1150

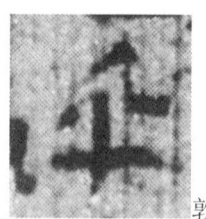

敦煌簡 2401A

金關 T04:119

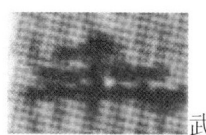

武・儀禮・甲本《服傳》44

○從乎大夫而降也

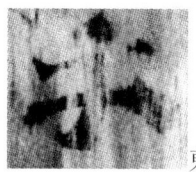

東牌樓 068 正

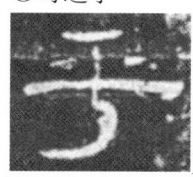

○可道乎

東漢・孔宙碑陽

東漢・熹平石經殘石四

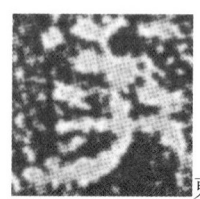

東漢・執金吾丞武榮碑

西晉・郭槐柩記

2196

○不曰堅乎

西晉·臨辟雍碑

北魏·元壽安誌

北魏·穆彥誌

号部

【号】

《說文》：号，痛聲也。从口在丂上。凡号之屬皆从号。

銀壹 486

○發号出令

北魏·楊氏誌

○邑号高唐

北魏·李端誌

東魏·蕭正表誌

○著美号於姑蘇

北齊·婁黑女誌

北齊·高顯國妃敬氏誌

北齊·元賢誌

北周·高妙儀誌

【號】

《說文》：號，呼也。从号从虎。

第五卷

戰晚・左樂兩詔鈞權

戰晚・二十六年始皇詔書銅權

戰中・商鞅量

秦代・始皇詔銅橢量四

秦代・北私府銅橢量

秦代・始皇詔版一

秦代・大騩銅權

秦代・兩詔銅權三

秦代・美陽銅權

秦代・始皇十六斤銅權四

漢銘・新嘉量二

漢銘・新衡杆

漢銘・新嘉量一

睡・法律答問 98

2198

第五卷

○甲甲號寇其四鄰典

睡·日甲《詰》29

○爲人號曰

獄·猩敞案 47

○去疾號曰

馬壹 9_57 上

○孚號有厲

馬壹 96_37

○終日號而不憂

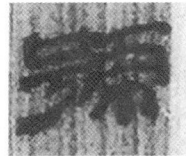

北貳·老子 49

○終日號而不幽（憂）

敦煌簡 0974A

○下者號天

琅琊刻石

東漢·肥致碑

○生號曰真人

東漢·夏承碑

○百姓號咷

三國魏·上尊號碑額

○公卿將軍上尊號碑

北魏·元始和誌

○同氣號憶以自絕

北魏·鄭君妻誌

○亦號鴻妻

亏部

【亏（于）】

《說文》：亏，於也。象气之舒亏。

2199

从丂从一。一者，其气平之也。凡亏之屬皆从亏。

西晚・不其簋

春晚・秦公鎛

春早・秦公鎛

春早・秦子簋蓋

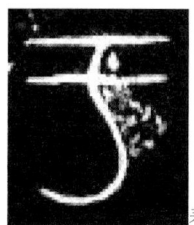

春早・秦公鐘

漢銘・新衡杆

漢銘・光和斛二

漢銘・新嘉量一

漢銘・淳于罍

漢銘・交阯釜

漢銘・新嘉量二

睡・日甲《衣》118

里・第八層 1055

○一朐于□□□所取

第五卷

馬壹 103_16\185

馬壹 4_2下

○擊于苞（枹）桑

馬貳 231_115

張·收律 176

張·奏讞書 105

張·蓋盧 18

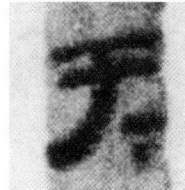

銀壹 479

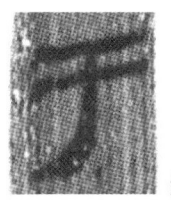

銀貳 2071

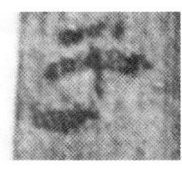

敦煌簡 1136A

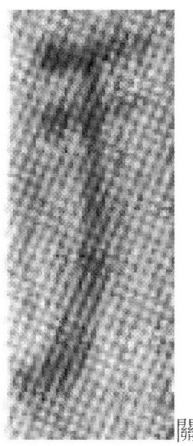

關沮·蕭·遣冊 23

金關 T29:114B

金關 T23:482

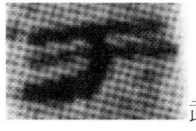

武·儀禮甲《士相見之禮》9

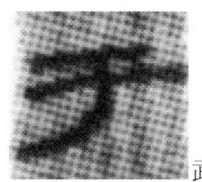

武·甲《特牲》4

武·甲《少牢》8

2201

武·甲《有司》59

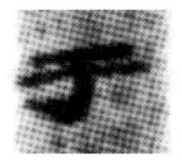

武·甲《燕禮》43

武·甲《泰射》56

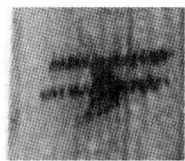

東牌樓 110

秦代印風
○于改

秦代印風
○淳于駭

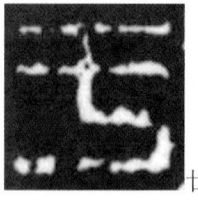

廿世紀璽印三-SY
○淳于彊印

廿世紀璽印三-SY
○大于利

漢印文字徵
○滀于安世

漢印文字徵
○謝于私印

漢印文字徵
○鮮于當時

漢印文字徵
○滀于嬰

柿葉齋兩漢印萃
○淳于子紺

漢印文字徵

○鮮于賢

柿葉齋兩漢印萃

○淳于光印

漢印文字徵

○于宗私印

漢印文字徵

○滔于就印

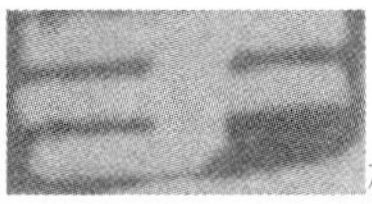

柿葉齋兩漢印萃

○淳于彊

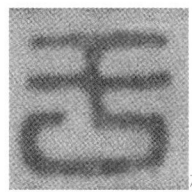

柿葉齋兩漢印萃

○淳于陽印

柿葉齋兩漢印萃

○淳于輔印

漢印文字徵

○滔于㒸

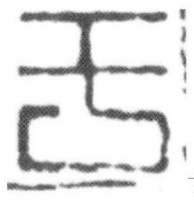

廿世紀璽印四-SY

○淳于翊印

漢晉南北朝印風

○淳于蒲蘇

漢晉南北朝印風

○鮮于富昌

漢晉南北朝印風

○淳於疾已

漢晉南北朝印風

○淳于㒸

漢晉南北朝印風

○于延壽印

秦駰玉版

詛楚文・沈湫

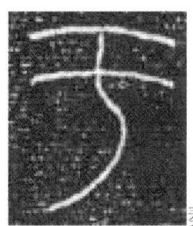

秦公大墓石磬

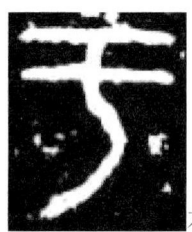

石鼓・田車

泰山刻石

懷后磬

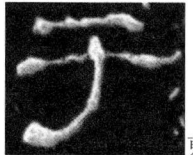

東漢・楊震碑

東漢・永壽元年畫像石墓記

東漢・夏承碑

三國魏・三體石經春秋・古文

三國魏・三體石經春秋・古文

○會晉侯于戚

三國魏・三體石經春秋・隸書

西晉・張朗誌

西晉・荀岳誌

○卒于司徒府

西晉·郭槐樞記

○禮制依于武公

西晉·趙氾表

○處于憂悠

北魏·于纂誌蓋

北魏·于仙姬誌蓋

【虧】

《說文》：虧，气損也。从亏雐聲。

【ỽ】

《說文》：ỽ，虧或从兮。

秦文字編 760

北壹·倉頡篇 12

○閨悝騁虧刻柳

東牌樓 055 背

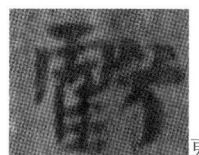

○行虧合作

東牌樓 012

○當虧除連年

東漢·北海相景君碑陽

○列宿虧精

東漢·三老諱字忌日刻石

○日月虧代

北魏·元斌誌

○陵谷有虧

北魏·馮迎男誌

○奄虧上容

北魏·馮迎男誌
○婦禮弗虧

北魏·元詮誌
○陵谷或虧

北魏·王悅及妻郭氏誌
○不玷不虧

北魏·公孫猗誌
○久要無虧

北魏·元孟輝誌
○猶懼簡策或虧

北齊·崔芬誌
○白日長虧

【粵】

《說文》：粵，亏也。審慎之詞者。从亏从宷。《周書》曰："粵三日丁亥。"

北魏·山徽誌
○蒙粵贈諫議大夫

北魏·蘇屯誌
○粵以三年太歲丁未

北魏·薛伯徽誌
○粵孝昌元年

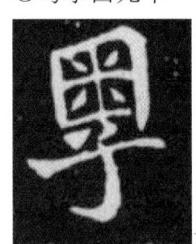

北魏·給事君妻韓氏誌
○粵來仲冬乙亥

北魏·元融妃穆氏誌
○粵四月一日戊申

北魏·元願平妻王氏誌
○粵來仲冬乙亥

北魏·元嵩誌

○粵仁者壽

北魏·元誘妻馮氏誌

○粵八月甲申

北魏·李伯欽誌

○粵景明三年

東魏·元季聰誌

○粵興和三年

北齊·唐邕刻經記

○粵若稽古

【吁】

《說文》：吁，驚語也。从口从亏，亏亦聲。

【平】

《說文》：平，語平舒也。从亏从八。八，分也。爰禮說。

【釆】

《說文》：釆，古文平如此。

戰晚·十四年口平匽氏戟

戰晚·十四年口平匽氏戟

戰晚或秦代·元年上郡假守暨戈

戰晚·四十八年上郡假守龜戈

戰晚·七年上郡閒戈

漢銘·官律所平器

漢銘·平陽子家鈁

漢銘・富平侯家溫酒鐎

漢銘・富平侯家銷

漢銘・和平二年堂狼造洗

漢銘・平都犁斛

漢銘・萬年縣官斗

漢銘・敬武主家銚

漢銘・洛陽市平器

漢銘・漢安平陽侯洗

漢銘・中平三年洗

漢銘・建昭鴈足鐙一

漢銘・第廿平陽鼎

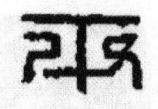

漢銘・延平元年堂狼造作鑒

漢銘・平息侯家鼎

睡・為吏 13

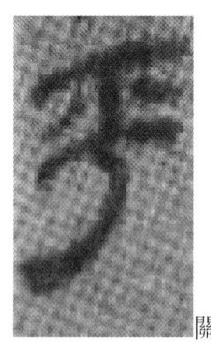

關・曆譜 24
○酉嘉平庚申治竟

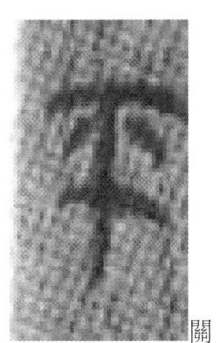

關·日書 243

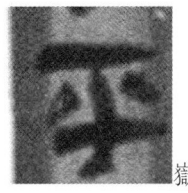

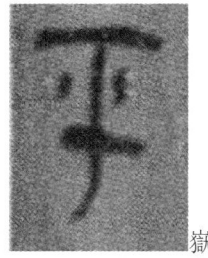

獄·質日 3513

獄·數 213

里·第八層 1031

馬壹 85_126

馬壹 176_56 下

馬壹 84_104
〇欲以平陵蛇（虵）

馬貳 239_207

張·田律 242

張·奏讞書 105

銀壹 346

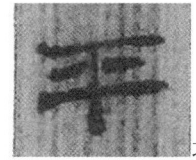

北貳·老子 216

敦煌簡 0195

敦煌簡 2126

○平望候長刑珍附馬

金關 T30:008

○陽長平東陽里不更

金關 T05:069

金關 T27:049

○候長平卿門下

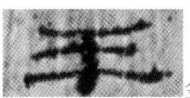

金關 T02:077

○魏郡平恩侯國平曲

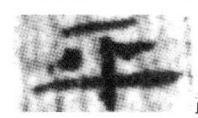

武・王杖 7

武・柩銘考釋 2

○平陵敬事里

吳簡嘉禾・五・一三〇

○平丘男子張生佃

魏晉殘紙

歷代印匋封泥

○平陵陳得立事歲□□

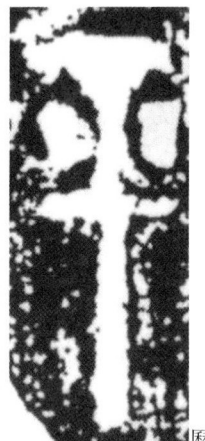

歷代印匋封泥

○徐平

歷代印匋封泥

○平陵陳得不□王金

第五卷

○平酓 歷代印匋封泥

○樂平君印 秦代印風

○長平鄉印 秦代印風

○臣平 秦代印風

○長平丞印 歷代印匋封泥

○范平 秦代印風

○平壽 廿世紀璽印三-SY

○臣平 廿世紀璽印三-SY

○鮮于平君 廿世紀璽印三-SY

○顯平監印 漢晉南北朝印風

2211

廿世紀璽印三-SY
○王昌平印

廿世紀璽印三-SP
○元平元年咸里周子才

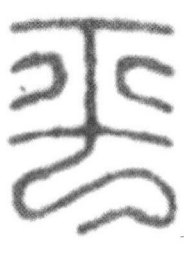

廿世紀璽印三-SY
○桓平私印

廿世紀璽印三-SY
○唐子平

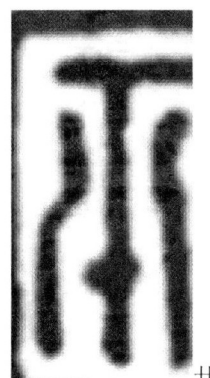

廿世紀璽印三-SY
○文平

廿世紀璽印三-SY
○文平

漢晉南北朝印風
○長壽萬年單左平政

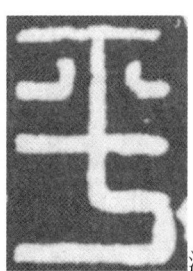

漢晉南北朝印風
○平東將軍章

漢晉南北朝印風
○陽平家丞

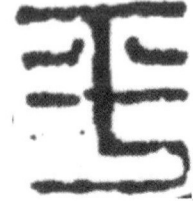

歷代印匋封泥
○南平陽丞

漢代官印選

○高平侯印

漢代官印選

○平陵侯印

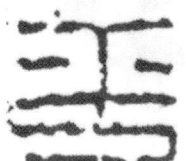

歷代印匋封泥

○鉅平

漢印文字徵

○臣平

柿葉齋兩漢印萃

○程平之印

漢印文字徵

○西平令印

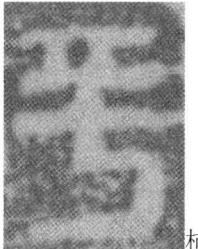

柿葉齋兩漢印萃

○平西將軍印

漢晉南北朝印風

○司馬平

漢晉南北朝印風

○聶平

漢晉南北朝印風

○大利周子平

漢晉南北朝印風
○張平

漢晉南北朝印風
○□平

漢晉南北朝印風
○安平護軍章

秦公大墓石磬

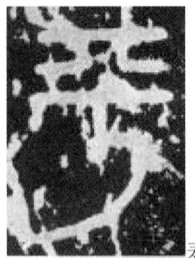

泰山刻石

西漢
○鬱平大尹馮君孺人中大門

新莽·馮孺人題記
○鬱平大尹馮君孺人

西漢
○永平三年二月庚午

東漢·舉孝廉等字殘碑

東漢·曹全碑陽

東漢·張遷碑陰

東漢·何君閣道銘
○蜀郡太守平陵何君

東漢·開通褒斜道摩崖刻石
○永平六年，漢中郡以
東漢·田文成畫像石題記 
○延平元年
東漢·張遷碑陽 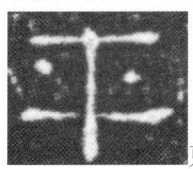
○燒平城市
三國魏·曹真殘碑 
北魏·元頊誌 
○考太傅北海平王
北魏·元遙妻梁氏誌 
○平西將軍
北魏·張整誌 
○平北將軍

北魏·元榮宗誌
○廣平内史
北魏·元寶月誌蓋 
○魏故平西元王墓誌銘
北魏·劉華仁誌 
○深澤北平二縣令
北魏·侯剛誌 
○公平生好善
北魏·元子直誌 
○政平訟理
北魏·元懷誌 
○熙平二年三月

北魏·楊胤誌

○魏故平東將軍

北魏·王蕃誌

○平南將軍

北魏·元定誌

○廣平內史

北魏·元詳造像

○願母子平安

北魏·元子正誌蓋

○魏故始平王之墓誌銘

北魏·宋靈妃誌蓋

○魏故廣平郡君長孫氏宋墓誌

北齊·淳于元皓造像

○大齊武平五

北齊·高阿難誌蓋

○大齊太尉公平梁王劉君墓誌

北周·寇熾誌

旨部

【旨】

《說文》：旨，美也。从甘匕聲。凡旨之屬皆从旨。

【𠦝】

《說文》：𠦝，古文旨。

春中·仲滋鼎

銀壹400

○則不可以合旨

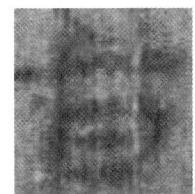

吳簡嘉禾·五·四〇四
○女文旨佃田五町

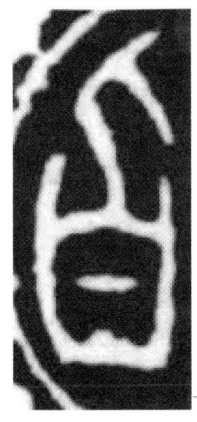

廿世紀璽印三-SY
○淳旨

北魏·于仙姬誌
○旨以太牢之祭，

北魏·論經書詩
○稀言養神旨

北魏·侯太妃自造像
○朗悟旨覺遠除

東魏·杜文雅造像
○非聖熟宣其旨

北齊·劉悅誌
○書合孫旨

北齊·崔昂誌
○仍受別旨

北齊·魯思明造像
○下濟群旨

【嘗】

《說文》：嘗，口味之也。从旨尚聲。

漢銘·元壽二年鐙

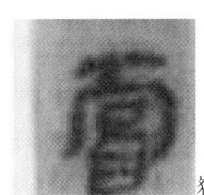

獄·魏盜案152
○嘗見死女子與安等作

里·第八層 1849
○誠嘗取

馬壹 39_10 下
○未嘗弗知

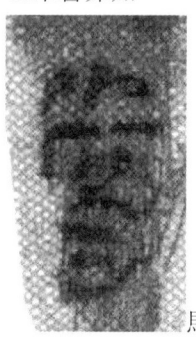

馬貳 123_63
○善嘗試

張·奏讞書 225
○未嘗有黔首畏害

秦代印風
○百嘗

漢印文字徵
○百嘗

柿葉齋兩漢印萃
○日嘗之印

東漢·柳敏碑
○四祀烝嘗（嘗）

東漢·楊著碑額
○躬親嘗禱

喜部

【喜】

《說文》：喜，樂也。从壴从口。凡喜之屬皆从喜。

【歖】

《說文》：歖，古文喜从欠，與歡同。

2218

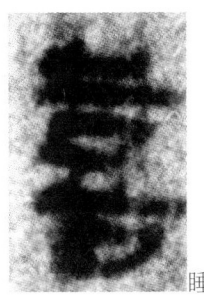

睡·編年記 10

睡·語書 11

睡·日甲 100

〇有三喜

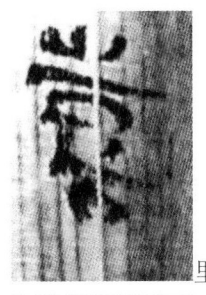

獄·為吏 31

獄·芮盜案 69

里·第八層 1800

馬壹 271_4 上

馬壹 4_8 下

張·蓋盧 52

張·引書 107

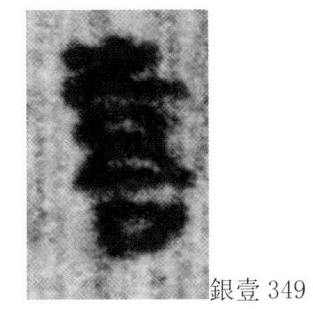

銀壹 349

金關 T24:593

東牌樓 117 正

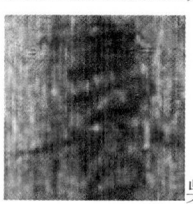

吳簡嘉禾・五・七三八

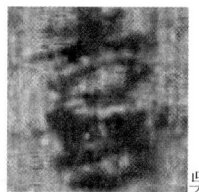

吳簡嘉禾・五・三一六

歷代印匋封泥

〇咸芮里喜

秦代印風

廿世紀璽印三-SY

廿世紀璽印三-SY

廿世紀璽印三-SY

〇弓喜

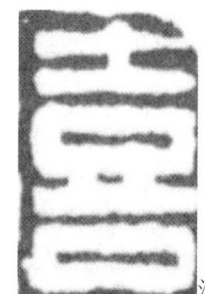

漢晉南北朝印風

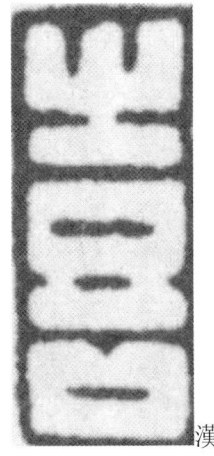

漢印文字徵

漢印文字徵

漢印文字徵

○高印喜

漢印文字徵

漢晉南北朝印風

漢印文字徵

漢晉南北朝印風

漢晉南北朝印風

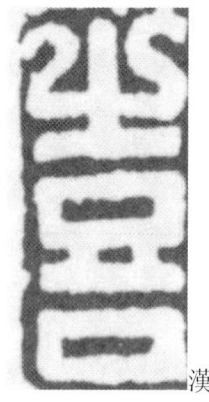

漢晉南北朝印風

○趙喜

漢晉南北朝印風

○李喜

秦公大墓石磬

東漢·孔宙碑陽

○田畯喜于荒圃

東漢·石祠堂石柱題記

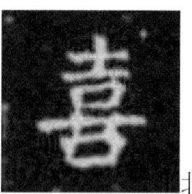

北魏·王翊誌

北魏·元顯魏誌

○忘懷憂喜

北齊·婁黑女誌

北齊·三十五佛名經

北齊·無量義經二

【憙】

《說文》：憙，說也。从心从喜，喜亦聲。

睡·日乙 219

睡・日乙221

里・第八層背67

馬壹38_21上

張・奏讞書28

○胡丞憙敢讞

金關T03:070

東牌樓149正

○善憙

秦代印風

○臣憙

秦代印風

○憙

廿世紀璽印三-SY

○田憙

廿世紀璽印三-SY

○孫憙

廿世紀璽印三-SY

○董承憙印

○陳憙

漢印文字徵

○劉憙

漢印文字徵

○殷憙

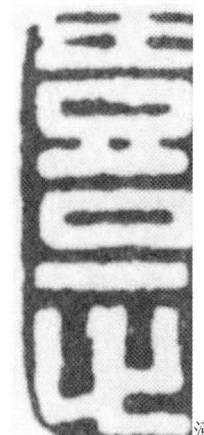

漢印文字徵

漢晉南北朝印風

○邯鄲憙

漢晉南北朝印風

○劉憙

漢晉南北朝印風

○尹憙

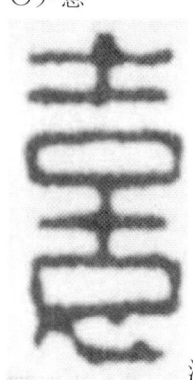

漢晉南北朝印風

○元憙

東漢‧營陵置社碑

○於憙平三年

東漢・韓仁銘額

〇憙長韓仁銘

東漢・曹全碑陰

〇故市掾王尊文憙

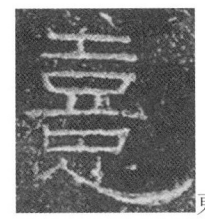

東漢・韓仁銘

北魏・元子永誌

北魏・常申慶造像

北魏・元繼誌

東魏・馬都愛造像

東魏・劉幼妃誌

北齊・鼓山佛經刻石

【嚭】

《説文》：嚭，大也。从喜否聲。《春秋傳》："吳有太宰嚭。"

壴部

【壴】

《説文》：壴，陳樂立而上見也。从中从豆。凡壴之屬皆从壴。

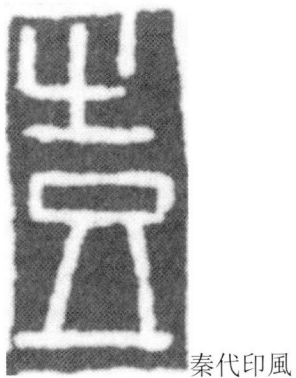

秦代印風

〇吳壴

【尌】

《説文》：尌，立也。从壴从寸，持之也。讀若駐。

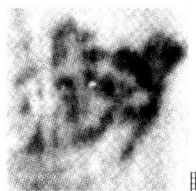

睡·日甲《土忌》105

○尌（樹）木

獄·為吏77

○除術尌（樹）毋

馬壹258_3上\19上

漢印文字徵

○嬰尌

【鼜】

《説文》：鼜，夜戒守鼓也。从壴蚤聲。《禮》：昏鼓四通爲大鼓，夜半三通爲戒晨，旦明五通爲發明。讀若戚。

【彭】

《説文》：彭，鼓聲也。从壴彡聲。

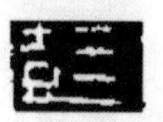

漢銘·元延乘輿鼎一

漢銘·永始三年乘輿鼎

漢銘·陽朔四年鍾

獄·魏盜案154

里·第五層17

里·第八層105

馬壹174_36下

張·引書1

敦煌簡0639B

敦煌簡 2253

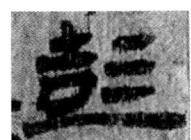

金關 T24:024A

吳簡嘉禾・四・二七二

吳簡嘉禾・五・五九六

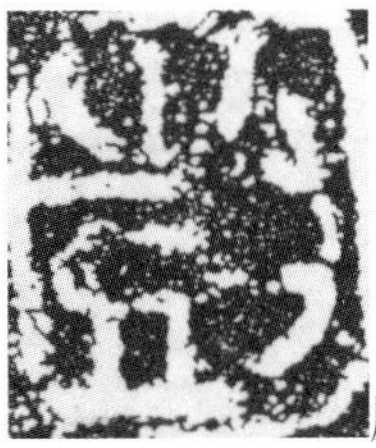

歷代印匋封泥
○彭

歷代印匋封泥

歷代印匋封泥
○彭城丞印

秦代印風

廿世紀璽印三-SY
○彭君夫印

廿世紀璽印三-SY
○彭敞印

廿世紀璽印三-SY

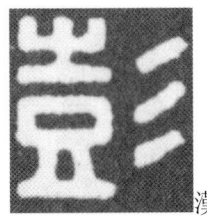

漢晉南北朝印風

柿葉齋兩漢印萃
○彭城左尉

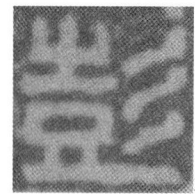

柿葉齋兩漢印萃

漢印文字徵

漢代官印選

漢印文字徵

漢印文字徵

漢印文字徵

○彭終根

漢印文字徵

漢印文字徵

○彭安臣

漢印文字徵

○臣彭

漢晉南北朝印風

○李彭

東漢·元嘉元年畫像石墓題記

三國魏·三體石經春秋·篆文
○師戰于彭衙秦師

三國魏·三體石經春秋·隸書
○師戰于彭衙

西晉·臨辟雍碑

北魏·寇治誌

東魏·崔鷫誌

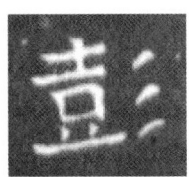

東魏·劉幼妃誌

南朝宋·王佛女買地券

戰晚·十七年丞相啓狀戈

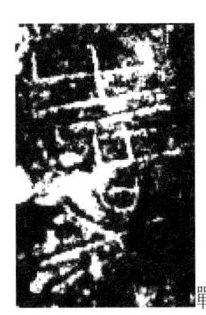

戰晚·囗年寺工𠭯戈

漢銘·上林銅鑒五

漢銘·上林銅鼎一

漢銘·新量斗

【嘉】

《說文》：嘉，美也。从壴加聲。

漢銘・上林銅鑒二

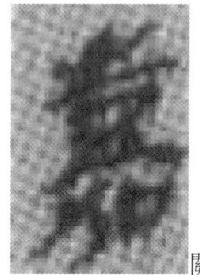

關・曆譜 24

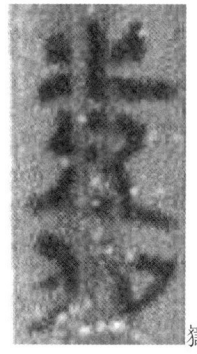

嶽・質日 351

嶽・識劫案 125

里・第八層 439

馬壹 44_41 下

馬壹 4_3 下

張・奏讞書 1

敦煌簡 0518

○長趙嘉劾亡卒楊豐

金關 T21:035B

○鴻嘉五年

金關 T23:307

○鴻嘉三年

金關 T32:036B

武・甲《少牢》22

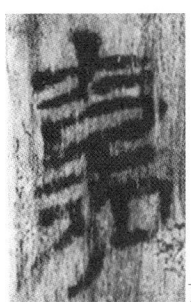

東牌樓 123

北壹・倉頡篇 48

○觸軍役嘉臧貿

吳簡嘉禾・五・一〇一三

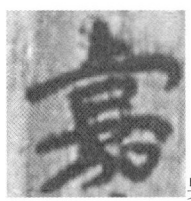

吳簡嘉禾・四・一七六

吳簡嘉禾・二三二七

秦代印風

秦代印風

○衛嘉

秦代印風

○趙嘉

廿世紀璽印三-SY

廿世紀璽印三-SY

廿世紀璽印三-SP

○右嘉

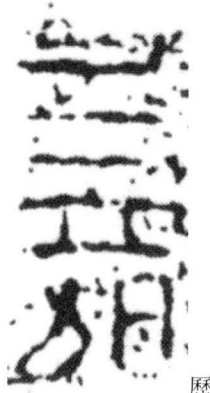

漢印文字徵

漢印文字徵

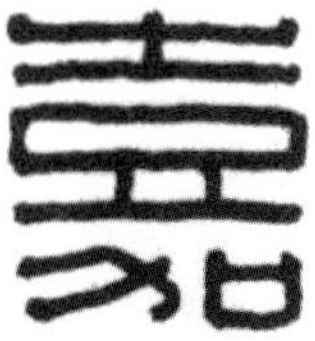

漢印文字徵

歷代印匋封泥

○尹嘉

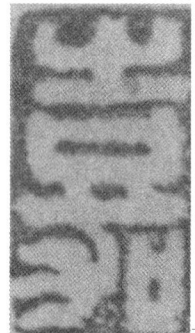

柿葉齋兩漢印萃

漢晉南北朝印風

○倉嘉私印

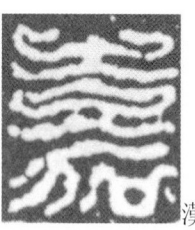

漢晉南北朝印風

○□嘉之印

漢印文字徵

漢晉南北朝印風

○嘉賓

漢印文字徵

漢晉南北朝印風

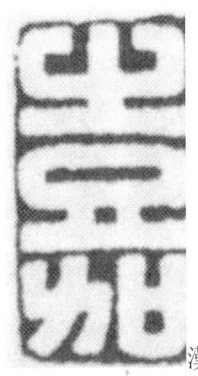

漢晉南北朝印風

漢晉南北朝印風

石鼓·吾水

東漢·五瑞圖摩崖

○嘉禾

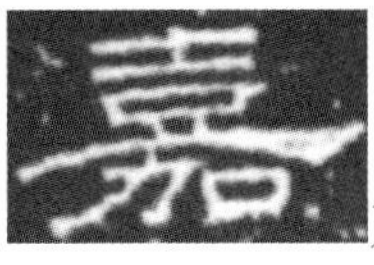

東漢·桐柏淮源廟碑

東漢·曹全碑陽

東漢·李昭碑

○帝以掾史召見，嘉其忠孝，……

東漢·成陽靈臺碑

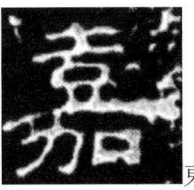

東漢·楊震碑

北魏·張整誌

○高祖嘉其祗篤

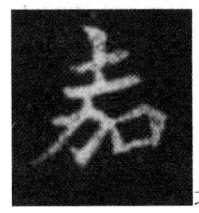

北魏·寇演誌

○未之嘉也

北魏·寇演誌

○刺史韋嘉其囧操

北魏·繰光姬誌

東魏·崔令姿誌

○幼嘉禮合

東魏·劉幼妃誌

北齊·斛律氏誌

鼓部

【鼓】

《說文》：鼓，郭也。春分之音，萬物郭皮甲而出，故謂之鼓。从壴，支象其手擊之也。《周禮》六鼓：靁鼓八面，靈鼓六面，路鼓四面，鼖鼓、皋鼓、晉鼓皆兩面。凡鼓之屬皆从鼓。

【鼖】

《說文》：鼖，籀文鼓从古聲。

漢銘·官律所平器

東漢·燕然山銘

○斬𣅈禹以釁鼓（鼓）

東漢·張景造土牛碑

○宛令右丞忽告追鼓（鼓）賊

東漢·禮器碑

○鐘磬瑟鼓（鼓）

北魏·元天穆誌

○旗鼓競進

北魏·元龍誌

○鼓（鼓）鞞之思

東魏·劉幼妃誌

○既摐玉鼓

東魏·王令媛誌

○鼓（鼓）琴之志詎申，

北齊·唐邕刻經記

○靈鼉與濾鼓俱震

北齊·暴誕誌

○鼉皷（鼓）辰鳴

北周·李府君妻祖氏誌

○等好合於鼓瑟

【鼛】

《説文》：鼛，大鼓也。从鼓咎聲。《詩》曰："鼛鼓不勝。"

北壹·倉頡篇23

○鼛級絢筦繩

詛楚文·沈湫

○鼓咎

【鼖】

《説文》：鼖，大鼓謂之鼖。鼖八尺而兩面，以鼓軍事。从鼓，賁省聲。

【鞼】

《説文》：鞼，鼖或从革，賁不省。

【鼙】

《説文》：鼙，騎鼓也。从鼓卑聲。

北壹·倉頡篇33

○鼙鼓歌醶

【䶏】

《説文》：䶏，鼓聲也。从鼓隆聲。

【鼘】

《説文》：鼘，鼓聲也。从鼓開聲。《詩》曰："鼘鼓鼘鼘。"

【鼞】

《説文》：鼞，鼓聲也。从鼓堂聲。《詩》曰："擊鼓其鼞。"

【鼛】

《説文》：鼛，鼓聲也。从鼓合聲。

【鞈】

《説文》：鞈，古文鼛从革。

【鼜】

《説文》：鼜，鼓無聲也。从鼓咠聲。

【鼛】

《說文》：鼛，鼓鼙聲。从鼓缶聲。

豈部

【豈】

《說文》：豈，還師振旅樂也。一曰欲也，登也。从豆，微省聲。凡豈之屬皆从豈。

睡·為吏 10

馬壹 86_145

馬壹 81_33

敦煌簡 2226A

○各豈得不相見久

金關 T21:131B

○豈使卒雞

漢印文字徵

○樂豈里附城

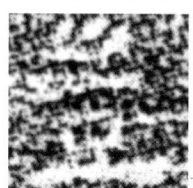

東漢·許阿瞿畫像石題記

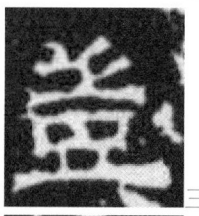

三國魏·孔羨碑

西晉·成晃碑

北魏·陳天寶造像

北魏·李端誌

北魏·元嵩誌

北魏·元靈曜誌

北魏·段峻德誌

北魏·元朗誌

東魏·叔孫固誌

東魏·元玕誌

北齊·雲榮誌

北齊·傅華誌

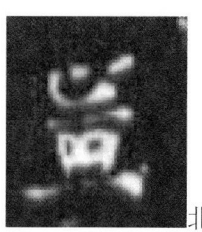

北周·康業誌

【愷】

《說文》：愷，康也。从心、豈，豈亦聲。

北壹·倉頡篇 46

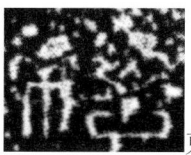

○恢俖隋愷裹鄢

東漢·張遷碑陽

晉·大中正殘石

○寬猛殊務君莅以愷悌……

三國魏·受禪表

北魏·元恪嬪李氏誌

北魏·元謐誌

北周·張僧妙法師碑

【豈戈】

《說文》：豈戈，豈戈也，訖事之樂也。从豈幾聲。

【凱】

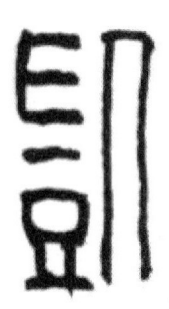

漢印文字徵

〇王凱

東漢·衛尉卿衡方碑

東漢·禮器碑陰

〇大尉掾魯孔凱仲弟千

三國魏·曹真殘碑

〇州民騎副督天水吉成凱伯

北魏·乞伏寶誌

〇凱歌於是還國

北魏·秦洪誌

〇高祖凱

北魏·甄凱誌

北魏·王普賢誌

西魏·趙超宗妻誌

〇如彼凱風

豆部

【豆】

《說文》：豆，古食肉器也。从口，象形。凡豆之屬皆从豆。

【㞑】

《說文》：㞑，古文豆。

漢銘·土軍侯高燭豆

第五卷

漢銘・□民高燭豆

漢銘・菑川宦謁右般北宮豆

漢銘・新量斗

睡・法律答問 27

嶽・占夢書 33

馬貳 62_2

金關 T08:072

歷代印匋封泥

〇豆里土

漢印文字徵

廿世紀璽印二-GP

〇公豆

歷代印匋封泥

〇豆里紡

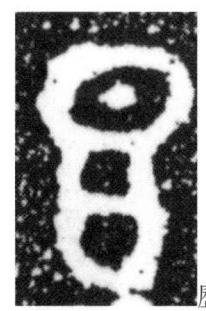

歷代印匋封泥

〇豆里鮇

歷代印匋封泥

○豆里賕

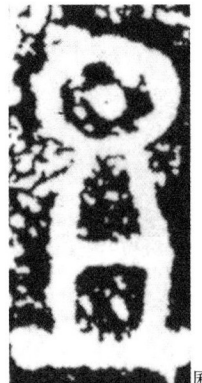

歷代印匋封泥

○王豆

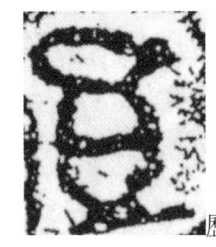

歷代印匋封泥

○里豆

廿世紀璽印二-GP

○王豆

歷代印匋封泥

○公豆

東漢・校官碑

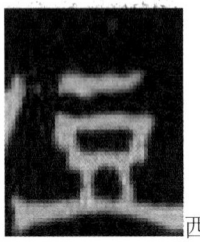

西晉・臨辟雍碑

北魏・長孫忻誌

【桓】

《說文》：桓，木豆謂之桓。从木、豆。

北貳・老子143

○桓（揣）而允（捃）之不可長葆（保）

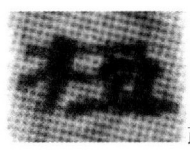

武・儀禮甲《士相見之禮》1

東漢・禮器碑

【䜭】

《說文》：䜭，㲖也。从豆，蒸省聲。

【䇻】

《說文》：䇻，豆屬。从豆弄聲。

【䣎】

《說文》：䣎，豆飴也。从豆夗聲。

【䘏】

《說文》：䘏，禮器也。从廾持肉在豆上。讀若鐙同。

豐部

【豐】

《說文》：豐，行禮之器也。从豆，象形。凡豐之屬皆从豐。讀與禮同。

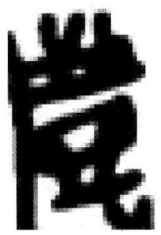

戰晚·十年寺工戈

戰中·王七年上郡守疾戈

居·ESC.37
○長王豐六月食

北壹·倉頡篇5
○豐盈爨熾（戴）

魏晉殘紙

廿世紀壐印三-SY
○夏豐私印

漢印文字徵
○田豐

漢印文字徵
○尹豐私印

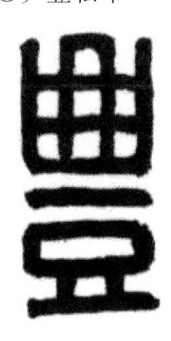

漢印文字徵
○秦豐

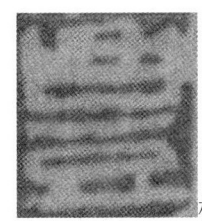

柿葉齋兩漢印萃

○戰豐私印

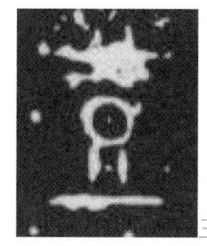

三國魏·三體石經尚書·古文

○殷豊（禮）陟配天

【䚄】

《說文》：䚄，爵之次弟也。从豊从弟。《虞書》曰："平䚄東作。"

豐部

【豐】

《說文》：豐，豆之豐滿者也。从豆，象形。一曰《鄉飲酒》有豐侯者。凡豐之屬皆从豐。

【豑】

《說文》：豑，古文豐。

漢銘·陶陵鼎二

漢銘·建平鍾

漢銘·胡寬器

漢銘·元延乘輿鼎一

馬壹 41_16 上

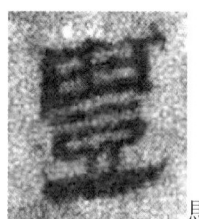

○九四曰豐

馬壹 7_42 上

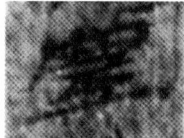

○尚（上）六豐

敦煌簡 0518

○楊豐蘭越塞

金關 T06∶055

○隧長桓豐

廿世紀璽印二-GP

○豐璽

歷代印匋封泥

○安豐丞印

2242

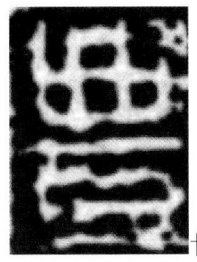

○王豐
廿世紀璽印三-SY 

○新豐之印
廿世紀璽印三-GP

○豐長之印
漢晉南北朝印風 

○鄭豐私印
廿世紀璽印三-SY 

○新豐之印
歷代印匋封泥 

○新豐丞印
漢印文字徵 

○王豐私印
柿葉齋兩漢印萃 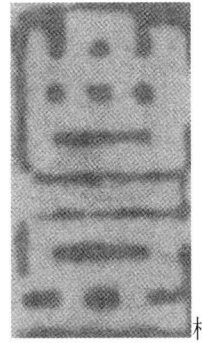

○毛豐
柿葉齋兩漢印萃

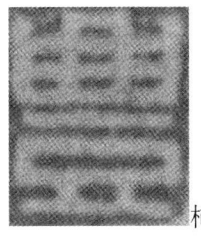

○王豐私印
漢晉南北朝印風 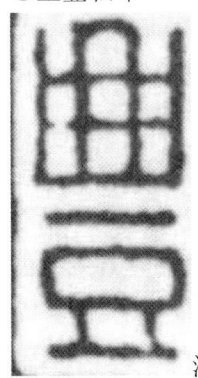

○程豐
漢晉南北朝印風

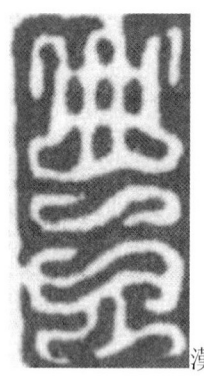

漢晉南北朝印風

○田豐

漢晉南北朝印風

○盧豐私印

東漢・桐柏淮源廟碑

○年穀豐殖

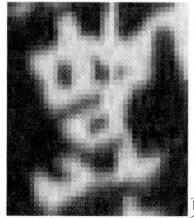

東漢・司馬芳殘碑額

○新豐張□

東漢・白石神君碑

○新豐王翊

東漢・史晨前碑

○以祈豐穰

東漢・西狹頌

○瑞降豐稔

西晉・臨辟雍碑

○厚施豐備

北魏・塔基石函銘刻

○時和年豐

北魏・公孫猗誌

○高祖豐

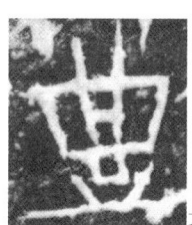

北齊・鄭豐姒磚

○鄭豐姒

北齊・魯思明造像

○人豐禮讓

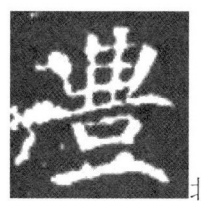

北齊·逢哲誌

○祖豐

北齊·元子邃誌

○安豐匡王

【豔】

《說文》：豔，好而長也。从豐。豐，大也。盍聲。《春秋傳》曰："美而豔。"

漢印文字徵

○趙豔印信

漢晉南北朝印風

○石豔印信

北魏·元弼誌

○如何斯豔，湮此青春

東魏·元鷙妃公孫甑生誌

○豔彼端莊

北齊·爾朱元靜誌

○金光玉豔

南朝宋·明曇憘誌

○佇豔潤徽

豈部

【豈】

《說文》：豈，古陶器也。从豆虍聲。凡豈之屬皆从豈。

【虜】

《說文》：虜，土鍪也。从豈号聲。讀若鎬。

【虛】

《說文》：虛，器也。从豈、宓，宓亦聲。闕。

虍部

【虍】

《說文》：虍，虎文也。象形。凡虍之屬皆从虍。

【虞】

《說文》：虞，騶虞也。白虎黑文，尾長於身。仁獸，食自死之肉。从虍吳聲。《詩》曰："于嗟乎，騶虞。"

漢銘・新衡杆

漢銘・新銅丈

漢銘・臨虞宮高鐙四

漢銘・臨虞宮高鐙二

漢銘・新嘉量二

漢銘・新嘉量二

睡・秦律十八種 125
○鐘虞（虡）

馬壹 87_171
○以重虞（娛）秦破

馬貳 70_52/52
○嘖者虞嘖上

張・奏讞書 18
○夫虞傳以闌出關

張・蓋盧 40
○必不虞從而觸之可

銀壹 27

○以虞侍（待）不

金關 T23:354A

○公乘虞廣年廿二肩

金關 T26:039

○隧長虞明毋奉

金關 T31:093

○夫石虞人年廿七

武・儀禮甲《服傳》4

○帶既虞贊（竆）

秦代印風

○虞年

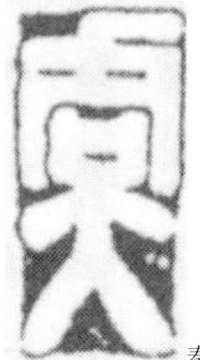

秦代印風

○郭虞

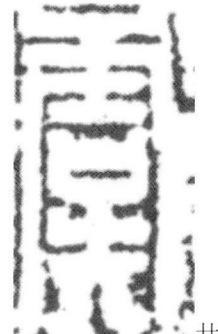

廿世紀璽印三-SY

○虞君侯

漢晉南北朝印風

柿葉齋兩漢印萃

○上虞馬丞印

柿葉齋兩漢印萃

○虞當

漢印文字徵

○宋虞人

漢印文字徵

○田不虞

漢印文字徵

○虞成私印

漢印文字徵

○虞稱

漢印文字徵

○上虞馬丞印

漢晉南北朝印風

○虞長賓

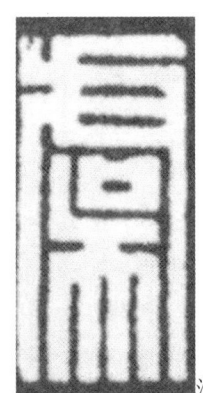

漢晉南北朝印風

漢晉南北朝印風

○虞敘

漢晉南北朝印風

○張虞人

漢晉南北朝印風

東漢·鮮於璜碑陰

○百遼詠虞

北魏·寇演誌

○雖南陽美虞

北魏·元璨誌

○績邁虞唐

北齊·李難勝誌

【虖】

《說文》：虖，虎兒。从虍必聲。

【虔】

《說文》：虔，虎行兒。从虍文聲。讀若矜。

春晚·秦公鎛

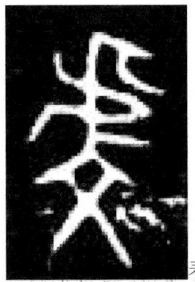

春早·秦公鐘

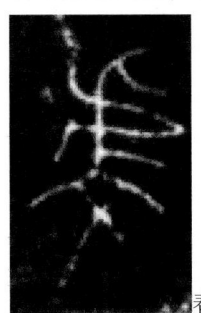

春早·秦公鎛

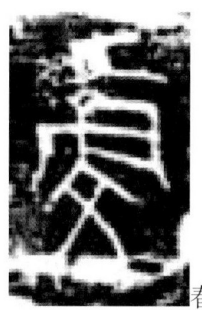

春晚·秦公簋

金關 T24:808

○□虔弘年廿五

金關 T23:661

○昌里虔富年廿五@

漢印文字徵

○虔喜

懷后磬

東漢·封龍山頌

○虔恭明祀

東漢·桐柏淮源廟碑

○虔恭禮祀

東漢·肥致碑

○以暘虔恭

西晉·郭槐柩記

○虔恭粢盛

北魏·張列華誌

○執虔伊族

北齊·馬天祥造像

○永□餝虔

【虘】

《說文》：虘，虎不柔不信也。从虍且聲。讀若鄌縣。

【虖】

《說文》：虖，哮虖也。从虍乎聲。

張·奏讞書 177

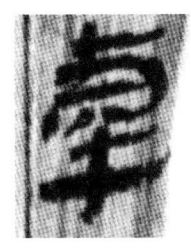

張·引書 33

○引急虖（呼）急

銀貳 1778

○地大虖天

北貳·老子 145

○載熒（營）魄抱一能毋離虖

北貳·老子 32

○信者虖（吾）信

廿世紀璽印二-SP

○虖沽

廿世紀璽印二-SY

○茅虖

歷代印匋封泥

○虖興之□

秦代印風

○者虖

漢印文字徵

○虖豎

漢印文字徵
○虖則

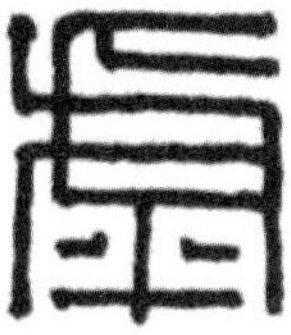

漢印文字徵
○虖婁丞印

東漢·開母廟石闕銘
○祀聖母虖山隅

【虐】

《說文》：虐，殘也。从虍，虎足反爪人也。

【虐】

《說文》：虐，古文虐如此。

馬壹 130_20 上\97 上
○養德虐相成兩若有

秦文字編 768

東漢·石門頌
○西夷虐殘

北魏·元寶月誌
○離倫肆虐

北魏·元顥誌
○仍以徒役苦虐吏之浸

【彪】

《說文》：彪，虎文，彪也。从虍彬聲。

【虞】

《說文》：虞，鐘鼓之柎也。飾爲猛獸，从虍，異象其下足。

【鐻】

《說文》：鐻，虞或从金豦聲。

【虞】

《說文》：虞，篆文虞省。

〖虍〗

秦文字編 768

〖虔〗

漢印文字徵

〇虔喜印

〖膚〗

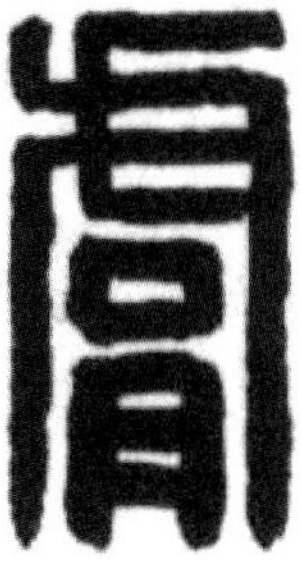

漢印文字徵

〇徐膚

虎部

【虎】

《說文》：𧆌，山獸之君。从虍，虎足象人足。象形。凡虎之屬皆从虎。

【虝】

《說文》：𧆊，古文虎。

【甝】

《說文》：𧆐，亦古文虎。

漢銘・元初二年鐖

漢銘・建武卅二年弩鐖

漢銘・杜陽虎符

漢銘・元初二年鐖

睡・秦律雜抄 25

〇射虎車二乘爲曹

睡・日甲《盜者》71

〇寅虎也

嶽・占夢書 38

○夢見虎豹者見貴人

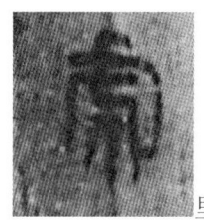

里・第八層 170

○得虎當復六人

馬壹 4_4 下

○四履（禮）虎尾朔

馬貳 213_15/116

○一曰虎游

張・蓋盧 17

○右白虎可以戰招

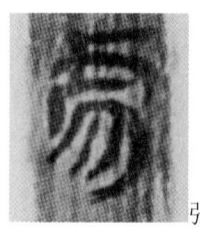

張・引書 26

○虎匽（偃）者

張・引書 64

○卅虎雇（顧）卅

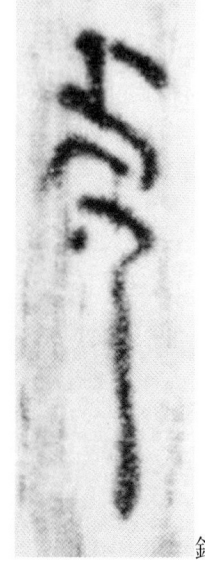

銀壹 685

○翕翼虎

北貳・老子 36

○革虎無所錯

敦煌簡 2394B

○日朱虎付趙羌

敦煌簡 1464A
○樂尹虎買布三尺五

金關 T07:104
○灙湭虎里李口

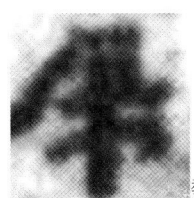

魏晉殘紙
○兵胡虎等

秦代印風
○虎

秦代印風
○李逯虎

秦代印風
○虎

秦代印風
○楊虎

廿世紀璽印三-SY
○虎

漢晉南北朝印風
○虎牙將軍章

歷代印匋封泥
○六虎

漢代官印選
○虎牙將軍

柿葉齋兩漢印萃

○虎賁中郎將

漢印文字徵

○史虎

柿葉齋兩漢印萃

○朱虎侯印

柿葉齋兩漢印萃

○淳于虎印

漢印文字徵

○虎步夌司馬

漢印文字徵

○虎威將軍司馬

漢印文字徵

○臣虎

漢印文字徵

○玄史虎

漢印文字徵

○周虎私印

漢印文字徵

○保虎圈

漢晉南北朝印風

○虎牙將軍章

漢晉南北朝印風

○虎威將軍章

漢晉南北朝印風

○虎威將軍章

漢晉南北朝印風

○虎威將軍章

漢晉南北朝印風

○衛虎

漢晉南北朝印風

○令狐虎

廿世紀璽印四-GY

○虎威將軍章

廿世紀璽印四-SP

○六虎

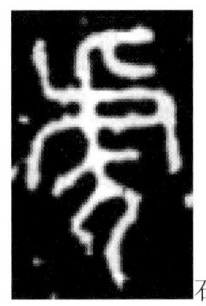

石鼓·鑾車

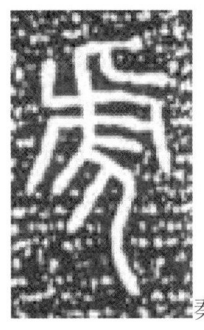

秦公大墓石磬

東漢·燕然山銘

○螭（蜦）虎之士

東漢·熹平石經殘石五

○大人虎辯

東晉·王丹虎誌

○字丹虎

北魏·元囧誌

○猛虎出江

東魏·王偃誌

○虎賁中郎將

【虩】

《說文》：虩，虎聲也。从虎敄聲。讀若隔。

【虦】

《說文》：虦，白虎也。从虎，昔省聲。讀若鼏。

【虘】

《說文》：虘，虦屬。从虎去聲。

【䶂】

《說文》：䶂，黑虎也。从虎儵聲。

【虪】

《說文》：虪，虎竊毛謂之虪苗。从虎戔聲。竊，淺也。

【彪】

《說文》：彪，虎文也。从虎，彡象其文也。

漢銘·永平十八年鐵

漢印文字徵

○莨彪印信

漢印文字徵

○傅彪

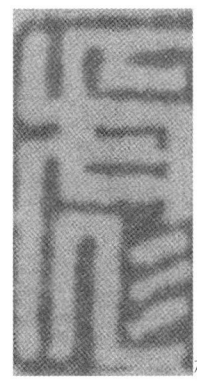

柿葉齋兩漢印萃

○賈彪

東漢·史晨後碑

○河東大守孔彪元上

北魏·□伯超誌

○長亦彪炳

北魏·元嵩誌

○彪環鏡映

【虦】

《說文》：虦，虎兒。从虎戈聲。

【虦】

《說文》：虦，虎兒。从虎气聲。

【虓】

《說文》：虓，虎鳴也。一曰師子。从虎九聲。

【虨】

《說文》：虨，虎聲也。从虎斤聲。

【虩】

《說文》：虩，《易》："履虎尾虩虩。"恐懼。一曰蠅虎也。从虎㡯聲。

春晚·秦公鎛

○乐秦虩事（使）

春晚·秦公簋

○乎秦虢事（使）

春早・秦公鎛

北壹・倉頡篇 41

○頪壞螺虢

【虢】

《説文》：虢，虎所攫畫明文也。从虎寽聲。

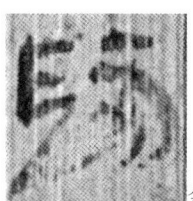

漢銘・雔虢共廚鼎

金關 T05：066

○扶風虢材官臨曲里

廿世紀璽印三-GP

○虢丞之印

漢印文字徵

○虢縣馬丞印

漢印文字徵

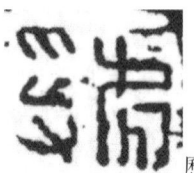

○虢丞之印

歷代印匋封泥

○虢丞之印

漢代官印選

○虢邑令印

西晉・郭槐柩記

北魏・爾朱襲誌

○其先出自周王虢叔之後

【虒】

《説文》：虒，委虒，虎之有角者也。从虎厂聲。

睡・日甲《吏》159

○日虒見不言得

馬貳 275_198/218

○牛屑（肸）虎（蹄）

馬貳 240_214

○畫卑虎徑八寸其七

張·秩律 465

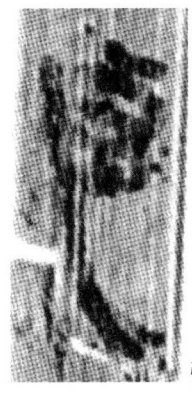

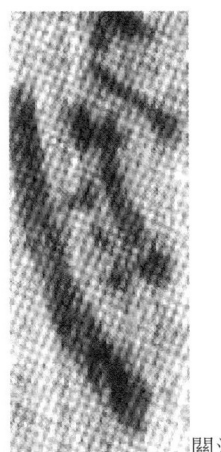

○縣（緜）虎道、湔氏道

張·遣策 38

○卑虎二合

關沮·蕭·遣冊 12

○大卑（椑）虎（榼）一具

【𧲱】

《說文》：𧲱，黑虎也。从虎騰聲。

【虣（虤）】

《說文》：虣，虐也。急也。从虎从武。見《周禮》。

詛楚文·亞駝

○虣虐不姑

【虪】

《說文》：虪，楚人謂虎爲烏虪。从虎兔聲。

虤部

【虤】

《說文》：虤，虎怒也。从二虎。凡虤之屬皆从虤。

【䏁】

《説文》：䖒，兩虎爭聲。从虤从曰。讀若憖。

【虦】

《説文》：虦，分別也。从虤對爭貝。讀若迴。

皿部

【皿】

《説文》：皿，飯食之用器也。象形。與豆同意。凡皿之屬皆从皿。讀若猛。

馬壹 226_81
○杯皿（血）康赤

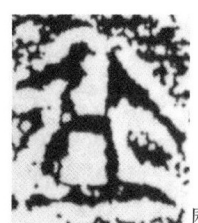

歷代印匋封泥
○陳□陵□皿□

【盂】

《説文》：盂，飯器也。从皿亏聲。

馬貳 72_95/95
○令下盂中孰（熟）

張・遣策 20
○一盂

漢印文字徵
○盂牟

北周・李綸誌
○盤盂之記

【盌】

《説文》：盌，小盂也。从皿夗聲。

【盛】

《説文》：盛，黍稷在器中以祀者也。从皿成聲。

秦代・二世元年詔版一

2262

秦代·元年詔版五

關·病方 309

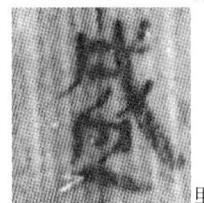

獄·魏盜案 162

里·第八層 247

馬壹 36_29 上

馬貳 111_52/52

張·賜律 299

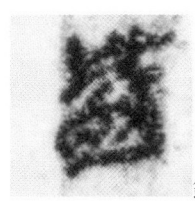

銀壹 620

北貳·老子 23

敦煌簡 2083
○煌興盛里公乘閎赦

金關 T24:268A

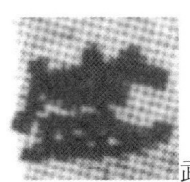

武·甲《特牲》11
○北上盛兩敦陳于西

歷代印匋封泥
○盛爔里附城

○渾盛印信　柿葉齋兩漢印萃

○盛燧里附城　漢印文字徵

○盛政私印　漢印文字徵

○盛魅之印　漢印文字徵

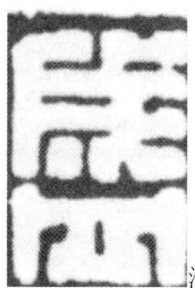

○盛中孺印　漢晉南北朝印風

○渾盛印信　漢晉南北朝印風

○盛典之印　漢晉南北朝印風

○兵奮士盛師以佪誠　詛楚文・亞駝

○琅琊刻石

○皆所已紀盛德　東漢・楊著碑額

○絜其粢盛　東漢・白石神君碑

○豐張盛之墓　東漢・張盛墓記

東漢・成陽靈臺碑

東漢・譙敏碑

東漢・東漢・魯峻碑陽

東漢・北海相景君碑陰

○故脩行營陵是盛

東漢・從事馮君碑

東漢・禮器碑

○於盛復授

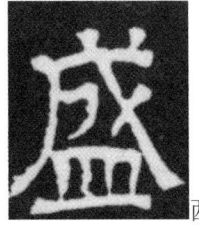

西晉・郭槐柩記

西晉・臨辟雍碑額

○盛德隆熙之頌

北魏・趙光誌

北魏・馮邕妻元氏誌

北魏・元倪誌

北魏・常季繁誌

北魏・馮季華誌

北魏・秦洪誌

○盛碧葉而不陵

北魏・元順誌

北魏·元子永誌

○盛衰忽改

北魏·元思誌

東魏·叔孫固誌

東魏·馮令華誌

北齊·婁黑女誌

北齊·王鴨臉造像

○鏡盛

北齊·斛律氏誌

○交泰之盛

【䰲】

《説文》：䰲，黍稷在器以祀者。从皿齊聲。

馬壹 6_31 下

○䰲（躋）于九陵

歷代印匋封泥

○䰲

【盓】

《説文》：盓，小甌也。从皿有聲。讀若灰。一曰若賄。

【盓】

《説文》：盓，盓或从右。

秦文字編 771

秦文字編 771

2266

秦文字編 771

【盧】

《說文》：盧，飯器也。从皿虍聲。

【盧】

《說文》：盧，籀文盧。

漢銘·盧氏鼎

漢銘·中山宦者常浴銅錠一

漢銘·常浴盆二

獄·為吏 82

里·第八層 1873

○盧江卅五年

馬壹 105_49\218

馬壹 87_182

馬貳 36_55 上

張·秩律 455

○盧氏新安

銀壹 192

○闔盧

銀貳 1935

○盧（爐）橐

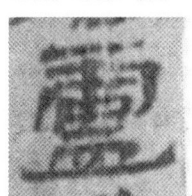

敦煌簡 0057

○領居盧訾倉守司馬

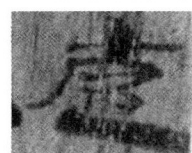

金關 T21:130A

○盧長卿五

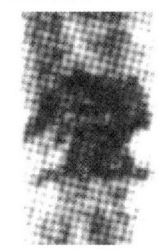

武·甲本《燕禮》37

○人就盧（旅）食

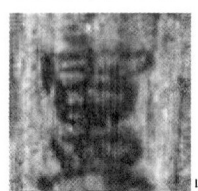

吳簡嘉禾·四·八六

○男子盧異

歷代印匋封泥

○奴盧府印

秦代印風

○盧利

歷代印匋封泥

○盧山禁丞

歷代印匋封泥

○盧氏丞印

廿世紀璽印三-GP

○盧丞之印

廿世紀璽印三-GY

○漢匈奴胡盧訾尸逐

漢晉南北朝印風

○漢盧水仟長

漢代官印選

○盧奴令印

柿葉齋兩漢印萃

○漢盧水仟長

漢印文字徵

○盧平丞印

歷代印匋封泥

○盧平丞印

漢代官印選

○若盧右丞

漢印文字徵

○屋盧霸印

漢印文字徵

○趙盧

漢印文字徵

○盧丙

漢印文字徵

○漢盧水仟長

漢印文字徵

○雛盧徒丞印

漢晉南北朝印風

○盧奴令印

漢晉南北朝印風

○晉盧水率善佰長

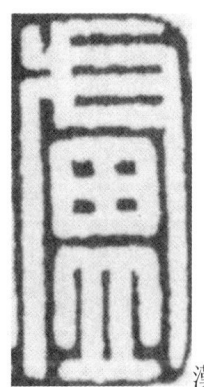

漢晉南北朝印風

○盧初

漢晉南北朝印風

○盧豐私印

東漢・趙儀碑

○盧餘王貴等

東漢・桐柏淮源廟碑

○中山盧奴□君

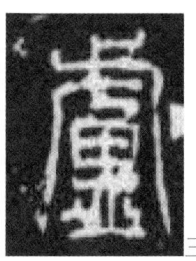

三國魏・三體石經春秋・篆文

三國魏・三體石經春秋・隸書

北魏・趙充華誌

北魏・張盧誌

北魏・李媛華誌

○范陽盧道裕

北魏·侯剛誌

○門盧希簡

東魏·王偃誌

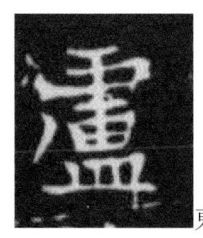

東魏·盧貴蘭誌

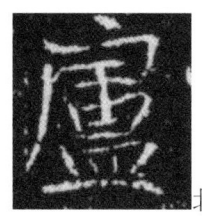

北齊·邑義七十人造像

○造盧舍那像一軀

北齊·許儁卅人造像

○敬造盧舍那像一軀

北齊·赫連子悅誌

○朝廷以盧毓山壽

北齊·盧脩娥誌蓋

○盧夫人誌銘

北周·尉遲運誌蓋

○大周上柱國盧國公誌

北周·盧蘭誌蓋

○大周故盧大妃墓誌銘

【盬】

《說文》：盬，器也。从皿从缶，古聲。

【盨】

《說文》：盨，器也。从皿叜聲。

春晚·秦公鎛

秦公大墓石磬

懷后磬

【盎】

《說文》：盎，盆也。从皿央聲。

【瓮】

《說文》：瓮，盎或从瓦。

睡·日甲《詰》58

○取盎之中道

馬貳 3_32

○後無盎（殃）

張·遣策 27

○一盎

漢印文字徵

○臣盎

漢代官印選

○覆盎城門侯

【盆】

《說文》：盆，盎也。从皿分聲。

漢銘·魏其侯盆

漢銘·中山內府銅盆二

漢銘·中山內府銅盆一

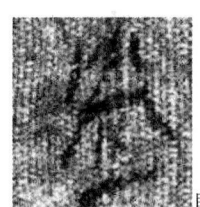

馬貳 62_8

○馬缺盆痛瘻聾枕痛

敦煌簡 0153

○在甕盆必瓴案

金關 T08:029

○盆直廿
雞

吳簡嘉禾・五・四六二

○吏鄧盆佃田廿町凡

漢印文字徵

○盆唐印信

秦文字編 772

東漢・庚午等字殘碑

○惠愛盆

東漢・析里橋郙閣頌

○盆溢滔湧

東魏・高盛碑

○公諱盛字盆坐

北齊・暢洛生造像

○左菩薩主楊盆生

【𥁰】

《說文》：𥁰，器也。从皿宁聲。

【盨】

《說文》：盨，檳盨，負戴器也。从皿須聲。

北壹・倉頡篇 33

○盨娶裹孁

【盪】

《說文》：盪，器也。从皿漻聲。

【䀏】

《說文》：䀏，械器也。从皿必聲。

【醯】

《説文》：醯，酸也。作醯以鬻以酒。从鬻、酒並省，从皿。皿，器也。

睡·日甲《詰》26
○入人醯醬

馬貳 128_14
○盡醯善臧（藏）

張·賜律 299
○二盛醯醬

敦煌簡 0246
○醯三斗

【盉】

《説文》：盉，調味也。从皿禾聲。

【益】

《説文》：益，饒也。从水、皿。皿，益之意也。

漢銘·日益壽合符鉤一

漢銘·日益壽合符鉤一

漢銘·日益壽合符鉤二

睡·秦律十八種 57
○其餘益爲後九月稟

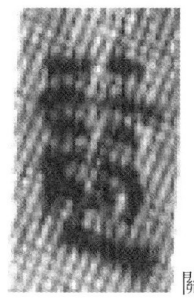

關・病方 310
獄・數 9
里・第八層 966 
馬壹 4_13 下 

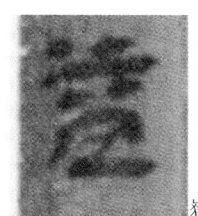

○弗損益之

馬貳 35_31 下
張・戶律 320 
張・奏讞書 135 
銀壹 17 
北貳・老子 17 
敦煌簡 0285 
敦煌簡 1972C 
金關 T04:117 
東牌樓 040 背 
秦代印風 

○王益

秦代印風　　　　　　　　　　　　　漢印文字徵

○聶益耳

廿世紀璽印三-SY　　　　　　　　　柿葉齋兩漢印萃

○魏益壽印

廿世紀璽印三-SY　　　　　　　　　柿葉齋兩漢印萃

○孫益壽

漢晉南北朝印風　　　　　　　　　　漢印文字徵

○田益壽印

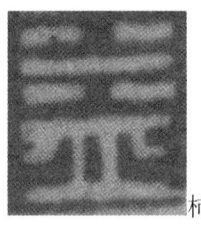

廿世紀璽印三-GY　　　　　　　　　漢印文字徵

○益陽長印　　　　　　　　　　　　○蘇益壽

廿世紀璽印四-GY　　　　　　　　　漢印文字徵

○益陽長印

漢代官印選

漢印文字徵

○益君乘

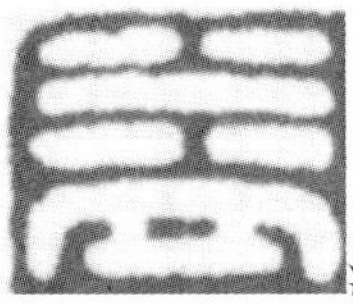

漢晉南北朝印風

漢晉南北朝印風

○田益壽印

懷后磬

東漢・營陵置社碑

東漢・北海相景君碑額

○漢故益州大守

東漢・石門頌

東漢・石門頌

東漢・西岳華山廟碑陽

東漢・熹平石經殘石五

東漢・益州牧楊宗闕

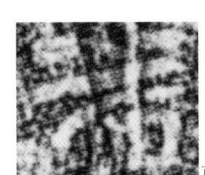

東漢・王孝淵碑

○喪秦禍益

東漢・熹平石經殘石五

西晉・臨辟雍碑

北魏·程法珠誌

○都督秦雍涇涼益五州諸軍事

北魏·趙廣者誌

北魏·王悅及妻郭氏誌

○益州刺史

北魏·長孫盛誌

北魏·元靈曜誌

○甚有匡益

北魏·元尚之誌

北魏·元顯俊誌

北魏·韓顯宗誌

北魏·元仙誌

東魏·元悰誌

東魏·成休祖造像

北齊·法懃塔銘

北齊·趙徵興誌

○諱征興字益舉

【盈】

《說文》：盈，滿器也。从皿、及。

睡·秦律十八種51

○高不盈六尺五寸

2278

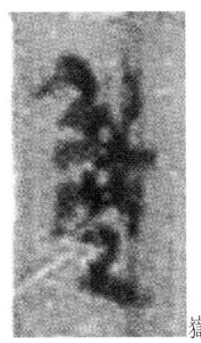

獄・數 15
○不盈步者

里・第八層 1565
○陽盈夷

馬壹 5_23 上
○復盈击冬（終）

張・賊律 15

張・脈書 13

銀壹 702
○強哀盈使張

銀貳 1090
○務持盈

北貳・老子 162
○夫唯不欲盈

敦煌簡 0244B
○視事盈歲名尹府須

北壹・倉頡篇 5
○昭穆豐盈爨熾

第五卷

○盈睦子印章　歷代印匋封泥

○莊盈願　漢印文字徵

○盈睦子印章　漢印文字徵

○仁盈之　漢印文字徵

　　　　　　石鼓・霝雨

　　　　　　東漢・成陽靈臺碑

○歷紀盈千

　　　　　　西晉・臨辟雍碑

○足以盈天地

　　　　　　十六國北涼・沮渠安周造像

○无求不盈

　　　　　　北魏・韓震誌

○剋饗盈數

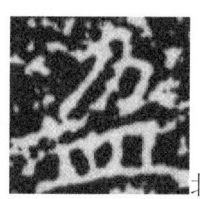

　　　　　　北魏・鄭羲上碑之三

○後年不盈紀

　　　　　　北魏・元文誌

○神理盈虛

　　　　　　北魏・辛穆誌

○盈衢咽陌

　　　　　　北魏・元欽誌

2280

○注之不盈

北魏•薛伯徽誌

○月盈亦魄

北魏•元茂誌

○書有盈袟

北魏•元定誌

○道暢虛盈

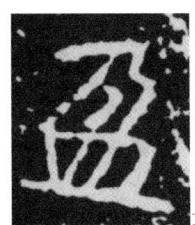

北魏•冗從僕射造像

○緬盈雲度

東魏•高歸彥造像

○百祿盈朝

東魏•元悰誌

○既而喧訟盈階

北齊•張忻誌

○送車盈軔

北齊•徐顯秀誌

○盟府已盈

北齊•魏懿誌

○高厚盈々

【盡】

《說文》：盡，器中空也。从皿𦘒聲。

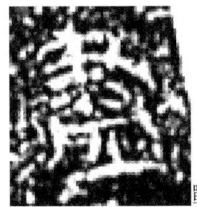

戰晚•左樂兩詔鈞權

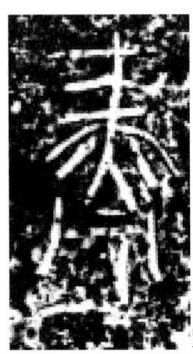

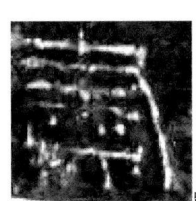

戰中•商鞅量

戰晚•二十六年始皇詔書銅權

秦代·始皇詔版一

秦代·兩詔銅橢量三

秦代·始皇十六斤銅權四

秦代·始皇詔銅橢量四

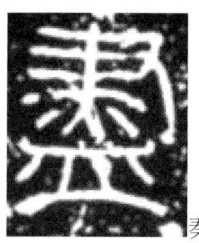

秦代·兩詔銅權三

睡·秦律十八種 46

獄·為吏 22

獄·癸瑣案 6

里·第八層 110

馬壹 37_20 下

馬壹 78_94

馬壹 108_131\300

第五卷

張·賊律20

○亟盡孰（熟）

銀壹246

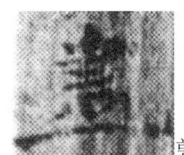

敦煌簡0276

○戊寅盡三月丙子五

金關T06:056

○四月盡六月積三月

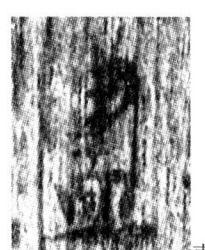

東牌樓050背

○書不盡言

吳簡嘉禾·一五六二

○日盡丘區明付車

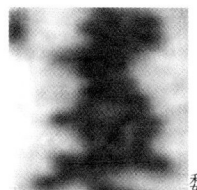

魏晉殘紙

廿世紀璽印三-GP

琅琊刻石

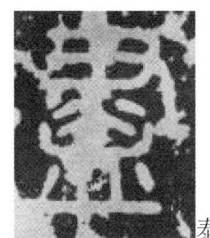

泰山刻石

懷后磬

東漢·史晨前碑

○臣盡力思惟庶政

東漢·熹平石經殘石四

○窮理盡性

東漢·朝侯小子殘碑

○形銷氣盡

北魏・丘哲誌

北魏・元進誌

○事君盡忠

北魏・爾朱紹誌

北魏・元端誌

北魏・元顥誌

北魏・李榘蘭誌

北魏・穆彥誌

○在生未盡

北魏・元子正誌

北魏・鞠彥雲誌

○焉盡其美

北魏・郭顯誌

○因心必盡

北魏・盧令媛誌

○朝露溘盡

北魏・元孟輝誌

北魏・乞伏寶誌

○事君盡忠

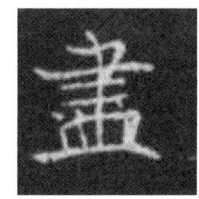

東魏・元玕誌

東魏·盧貴蘭誌

○曲盡婦儀

北齊·高渚誌

北齊·唐邕刻經記

北齊·赫連子悅誌

北周·張子開造像

【盅】

《說文》：盅，器虛也。从皿中聲。《老子》曰："道盅而用之。"

【盇】

《說文》：盇，覆蓋也。从皿盍聲。

【㿼】

《說文》：㿼，仁也。从皿，以食囚也。官溥說。

春早·秦子簋蓋

東漢·燕然山銘

○斬盨禹以釁鼓

【盥】

《說文》：盥，澡手也。从臼水臨皿。《春秋傳》曰："奉匜沃盥。"

馬壹13_85上

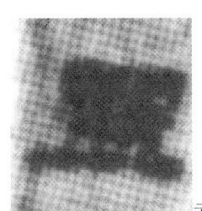

○觀盥而不薦（薦）

武·甲《燕禮》17

○序進盥洗角

北周·叱羅協誌

○雞鳴咸盥

【盪】

《說文》：盪，滌器也。从皿湯聲。

漢晉南北朝印風
○盪難將軍印

漢晉南北朝印風
○盪逆將軍印

北魏・張玄誌
○父盪寇將軍

東魏・高湛誌
○清盪昏霧

東魏・崔鷫誌
○盪寇將軍

【盇】

《說文》：盇，盇器。盂屬。從皿㚔聲。或從金從本。

〖盍〗

里・第八層 890
○佐盍貲各一甲

〖㴸〗

銀貳 1708
○領㴸（污）池

〖盡〗

東漢・孔宙碑陽
○盡篆不歛

〖盩〗

馬壹 90_251
○趙淺（踐）盩（亂）

馬壹 86_151
○內有大盩（亂）

銀貳 995
○收盈（亂）民而罢（還）用之

漢印文字徵
○靡盈

〖盩〗

獄・占夢書 19
○則盩蠆赫之

〖盦〗

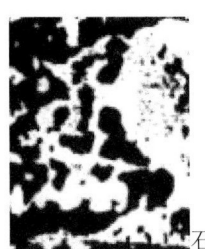

石鼓・吾水

〖盜〗

秦文字編 779

〖盨〗

秦文字編 779

〖蠱〗

春晚・秦公鎛
○俊士蠱=

春早・秦公鎛
○左右蠱=

春早・秦公鎛
○左右蠱=

第五卷

2287

春早·秦公鐘

〇左右蠚=

春早·秦公鐘

〇左右蠚=

春晚·秦公簋

〇俊士蠚=

〖蠚〗

秦文字編 779

〖蠚〗

春早·秦公鎛

〇蠚（兆）百

〖蘧〗

北齊·高建妻王氏誌

〇西南滌蘧

北齊·吳遷誌

〇除直蘧正右葙都督

凵部

【凵】

《說文》：凵，凵盧，飯器，以柳爲之。象形。凡凵之屬皆从凵。

【籅】

《說文》：籅，凵或从竹去聲。

去部

【去】

《說文》：去，人相違也。从大凵聲。凡去之屬皆从去。

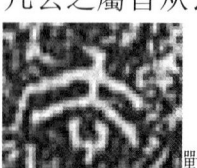

戰晚·左樂兩詔鈞權

秦代·元年詔版二

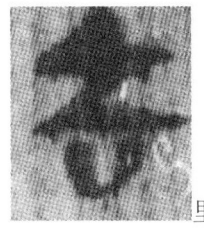

睡·效律 20	獄·猩敞案 47
睡·法律答問 166	里·第八層 455
睡·封診式 79	 馬壹 259_4 下\20 下
睡·日甲《詰》41	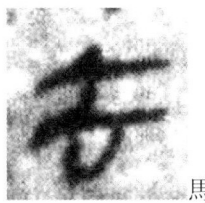 馬壹 80_6
睡·日乙 43	 馬壹 173_24 上
獄·為吏 55	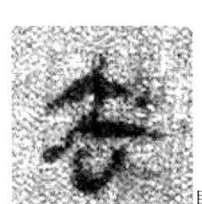 馬貳 113_78/78
獄·占夢書 23	張·奏讞書 223
	 張·奏讞書 10

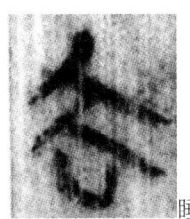

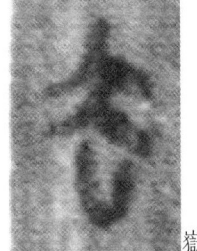

〇婢即去

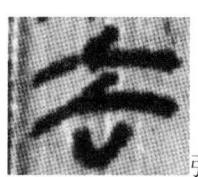

張·蓋盧 40

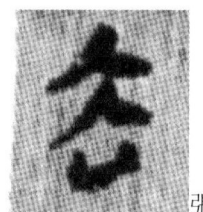

張·引書 109

銀壹 328

銀貳 1305

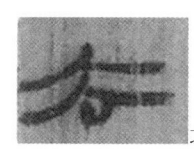

北貳·老子 130

敦煌簡 0521

敦煌簡 1362

金關 T24:201A
○望其去解養視

金關 T25:047

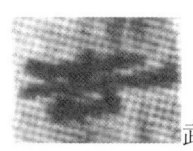

武·儀禮甲《服傳》2

武·甲《特牲》48

武·甲《泰射》48

東牌樓 055 正
○婦已去怒力□小兒

廿世紀璽印二-GP
○去市豆

秦代印風
○去疢

秦代印風
○癹去疢

漢印文字徵

○臨去病

漢印文字徵

○胡印去

漢印文字徵

○馮去陽印

漢印文字徵

○魯印去疾

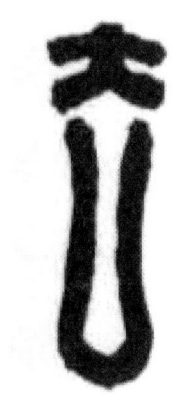

漢印文字徵

○胡母去

漢印文字徵

○范去儒

漢印文字徵

○司馬去疢

漢晉南北朝印風

○魯去疾印

琅琊刻石

琅琊刻石

東漢・肥致碑

東漢・史晨後碑

東漢・白石神君碑

東漢・石祠堂石柱題記

三國魏·上尊號碑

西晉·石尠誌

北魏·吳光誌

北魏·元進誌

北魏·郭顯誌

北魏·李榘蘭誌

東魏·元悰誌

【朅】

《說文》：朅，去也。从去曷聲。

北魏·楊昱誌

○朅來粉壁

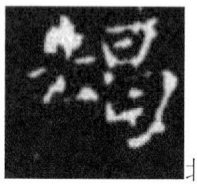

北魏·鄭道忠誌

○朅來胥宇

【夌】

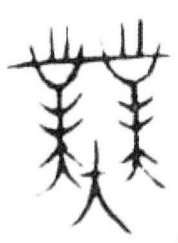

《說文》：夌，去也。从去夊聲。讀若陵。

〖龏〗

春晚·秦公鎛

○天命保龏

春晚·秦公簋

○天命保龏

血部

【血】

《說文》：血，祭所薦牲血也。从皿，一象血形。凡血之屬皆从血。

2292

第五卷

關·病方 316
○令血欲出

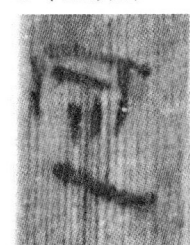

里·第八層 1786
○天雨血賜有病身疾

馬壹 211_30
○有痏（蚘）血康赤者下

馬壹 6_22 下

馬貳 141_7
○清血而明目

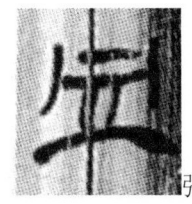

張·脈書 9
○有膿（膿）血篡脾（髀）

敦煌簡 2013

東漢·熹平石經殘石五
○羊無（无）血

東漢·從事馮君碑
○泣血惴慄，

北魏·元融誌
○哀逾泣血

北魏·元子直誌
○慕深泣血

北魏·馮邕妻元氏誌
○泣血歷年

北魏·慧靜誌

北魏·王普賢誌
○茹荼泣血

【衁】

2293

《說文》：衁，血也。从血亡聲。《春秋傳》曰："士刲羊，亦無衁也。"

【衃】

《說文》：衃，凝血也。从血不聲。

【盇】

《說文》：盇，气液也。从血聿聲。

【衄】

《說文》：衄，定息也。从血，甹省聲。讀若亭。

【衄】

《說文》：衄，鼻出血也。从血丑聲。

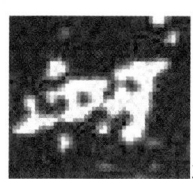

北魏·韓賄妻高氏誌

【盟】

《說文》：盟，腫血也。从血，蔑省聲。

【膿】

《說文》：膿，俗盟从肉農聲。

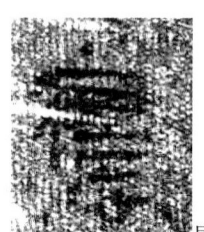

馬貳 76_158/殘片 12+5

○膿而□

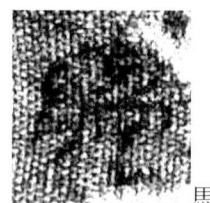

馬貳 65_5/76

○膿輚（淺）而砭深

東漢·曹全碑陽

○有吮膿之仁

【衋】

《說文》：衋，血醢也。从血肬聲。《禮記》有衋醢，以牛乾脯、梁、麴、鹽、酒也。

【䘗】

《說文》：䘗，醢也。从血酉聲。

【䘓】

《說文》：䘓，䘗或从缶。

【衊】

《說文》：衊，以血有所刉塗祭也。从血幾聲。

【衂】

《說文》：衂，憂也。从血卩聲。一曰鮮少也。

馬壹 44_44 下

秦文字編 784

【盡】

《說文》：盡，傷痛也。从血、聿，皕聲。《周書》曰："民罔不盡傷心。"

【衉】

《說文》：衉，羊凝血也。从血㚇聲。

【䘓】

《說文》：䘓，衉或从贛。

【衉（盍）】

《說文》：盍，覆也。从血、大。

獄·為吏 83

○臧（藏）盍（蓋）必法

漢印文字徵

○盍帶

秦文字編 784

北魏·李林誌

○短晨盍盡

【衊】

《說文》：衊，污血也。从血蔑聲。

丶部

【丶】

《說文》：丶，有所絕止，丶而識之也。凡丶之屬皆从丶。

【主】

《說文》：主，鐙中火主也。从呈，象形。从丶，丶亦聲。

漢銘·五銖多成泉範

漢銘·萬歲宮高鐙

漢銘·延壽宮高鐙

2295

漢銘·綏和鴈足鐙

漢銘·元壽二年鐙

漢銘·東海宮司空盤

漢銘·五鳳熨斗

漢銘·十六年鍪

漢銘·宜主鐘一

漢銘·臨虞宮高鐙三

漢銘·聖主佐宮中行樂錢

漢銘·元延鈁

漢銘·除兇去殃鈴範

漢銘·鄧次嚴銅鐘

漢銘·平都主家鍾

漢銘·杜陵東園壺

漢銘·陽朔四年鍾

漢銘·閔翁主家銅鎰

漢銘·元康高鐙

漢銘·丙長翁主壺

漢銘·嚴氏造作洗

漢銘・蜀郡嚴氏富昌洗

漢銘・建平鍾

漢銘・居攝鍾

漢銘・建武卅二年弩䡨

漢銘・永平十八年鐙

漢銘・永始高鐙

漢銘・永和二年鐙

漢銘・臨虞宮高鐙四

漢銘・元康鴈足鐙

漢銘・中宮鴈足鐙

漢銘・桂宮鴈足鐙

漢銘・竟寧鴈足鐙

漢銘・建昭行鐙

漢銘・建昭鴈足鐙一

漢銘・敬武主家銚

漢銘・永元六年弩䡨

漢銘・元延乘輿鼎一

漢銘・陽信家甗

漢銘・衛少主鍾

漢銘・子鼎

漢銘・衛少主鼎

漢銘・衛少主鼎

漢銘・陽信家甗

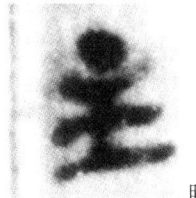

睡・語書 3

睡・秦律十八種 149

睡・效律 51

睡・法律答問 21

睡・封診式 6

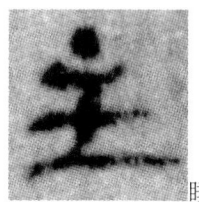

睡・日甲《室忌》102

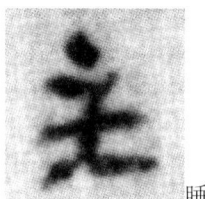

睡・日甲《毀弃》120

睡・日甲 9

獄・學為偽書案 217

獄・芮盜案 64

里・第八層 1628

里・第八層背 1510

馬壹 36_37 上

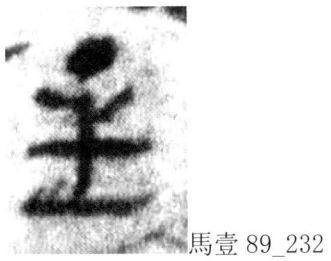

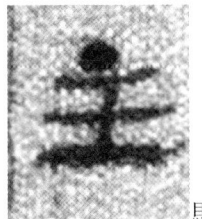

馬壹 89_232

馬壹 174_37 下

馬貳 258_1/1

張・戶律 329

張・奏讞書 142

張・脈書 64

銀壹 358

銀貳 1473

北貳・老子 115

敦煌簡 1173

金關 T30:070

○馬知所予主名

武・儀禮甲《士相見之禮》4

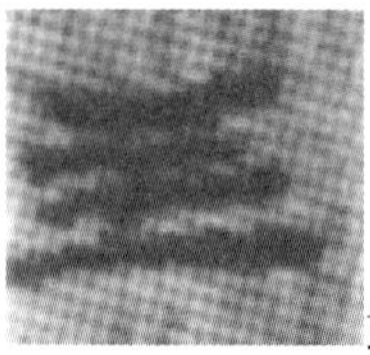
武・儀禮甲《服傳》25

○適人無主者

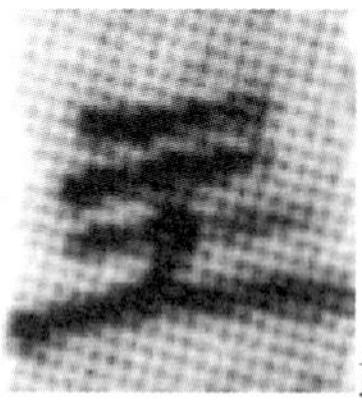
武・甲《特牲》4

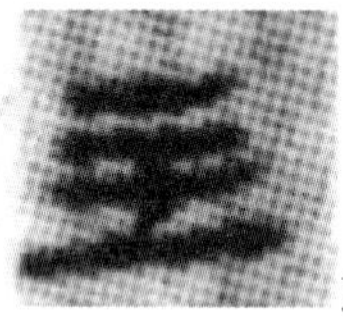
武・甲《少牢》28

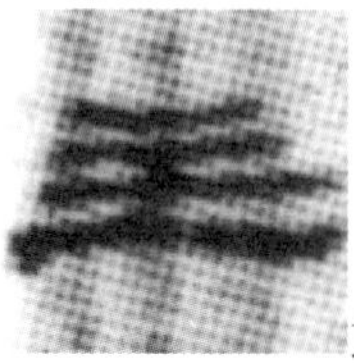
武・甲《有司》65

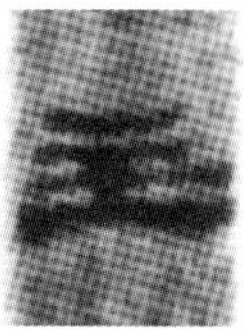
武・甲《泰射》22

東牌樓 046 正

○言有主心熲

吳簡嘉禾・四・六一四

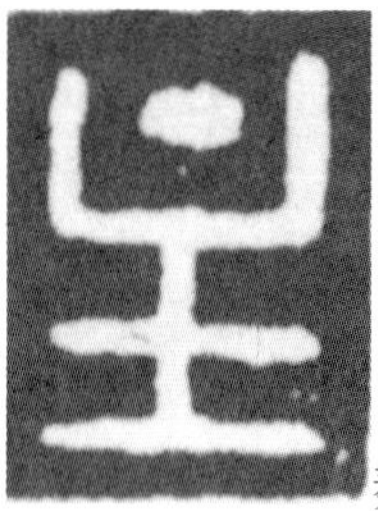
秦代印風

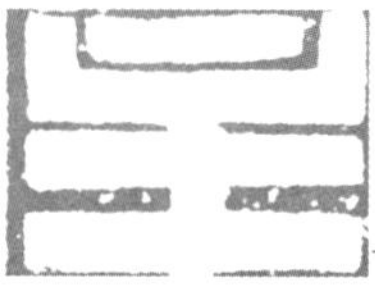
廿世紀璽印三-GY

廿世紀璽印三-SY

歷代印匋封泥

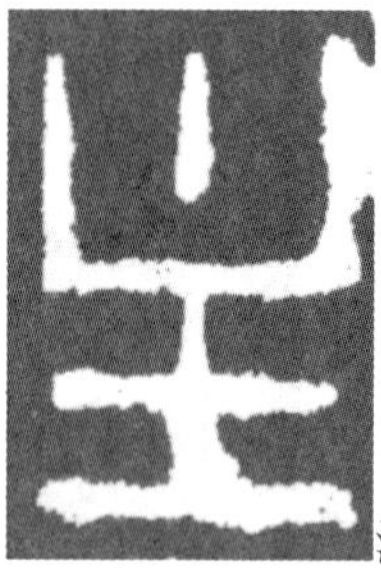
漢代官印選

漢印文字徵

漢印文字徵

○主父會印

漢印文字徵

漢印文字徵

○屠主印

漢晉南北朝印風

○王君主印

漢晉南北朝印風

○主义信印

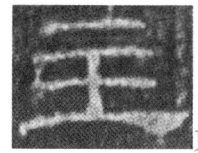

東漢·乙瑛碑

東漢·朝侯小子殘碑

○學中大主

西晉·石尠誌

北魏·劉賢誌蓋

北魏·元新成妃李氏誌

東魏·元季聰誌蓋

○高密長公主銘

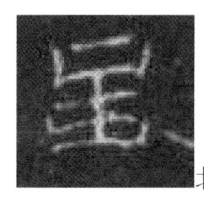

北齊·畢文造像

【㖒】

《說文》：㖒，相與語，唾而不受也。从丶从否，否亦聲。

【䫲】

《說文》：䫲，㖒或从豆从欠。

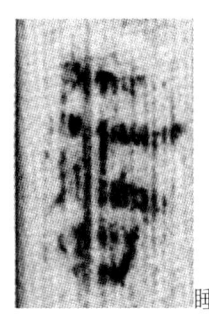

睡・封診式88

○榣（搖）之音（杯）血

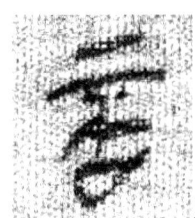

馬貳69_24/24

○酒一音（杯）中而

【卞】

東漢・禮器碑陰

○相史卞呂松□遠百

西晉・臨辟雍碑

北魏・元仙誌

丹部

【丹】

《說文》：丹，巴越之赤石也。象采丹井，一象丹形。凡丹之屬皆从丹。

【𠁿】

《說文》：𠁿，古文丹。

【彤】

《說文》：彤，亦古文丹。

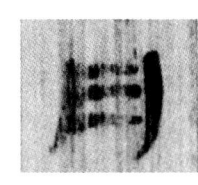

睡・為吏36

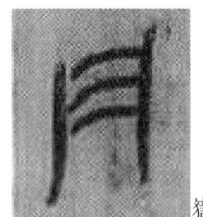

獄・暨過案99

○暨坐丹論一甲

里・第八層1070

○丹子大女子巍

馬壹114_19\422

○有以丹柔（漆）青

馬壹80_2

○欲說丹與得事非□

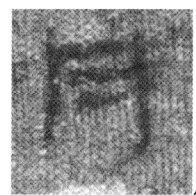

馬貳 91_464/454
○治以丹

敦煌簡 0562A
○喜滿丹祿錢喬連晉

金關 T24:140

北壹·倉頡篇 10
○丹勝誤亂

歷代印匋封泥
○鹹亭完里丹器

秦代印風
○王丹

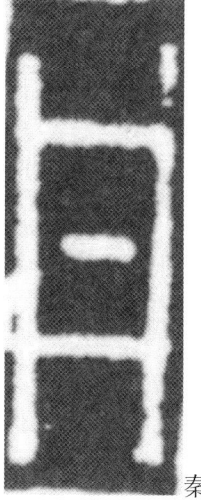

秦代印風
○藥丹

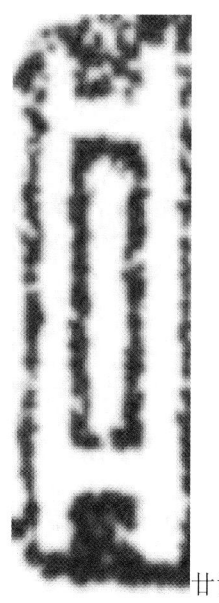

廿世紀璽印三-SY
○溫丹

漢印文字徵
○魏丹厠

○丹陽太守章　漢代官印選

○丹陽右尉　漢印文字徵

○丹楊太守章　漢印文字徵

○臣丹　漢印文字徵

○吳丹私印　漢印文字徵

○蘇丹　漢晉南北朝印風

○魏丹廁　漢晉南北朝印風

○……丹　東漢·門生等字殘碑陰

○泰山鮑丹漢公二百　東漢·禮器碑陰

【𦒎】

《說文》：𦒎，善丹也。从丹雙聲。《周書》曰：“惟其斁丹𦒎。”讀若雀。

【彤】

《說文》：彤，丹飾也。从丹从彡。彡，其畫也。

馬貳 238_192
〇漆彤幸食杯五十

漢印文字徵
〇王彤印信

漢晉南北朝印風
〇楊彤之信印

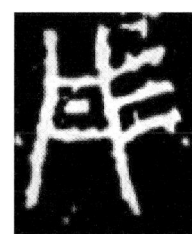

石鼓・鑾車

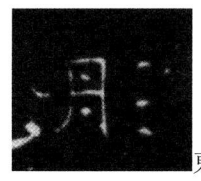

東魏・元延明妃馮氏誌
〇取則彤管之詩

北齊・斛律氏誌

青部

【青】

《說文》：青，東方色也。木生火，从生、丹。丹青之信言象然。凡青之屬皆从青。

【岺】

《說文》：岺，古文青。

漢銘・青羊畢少郎葆調

漢銘・大司農權

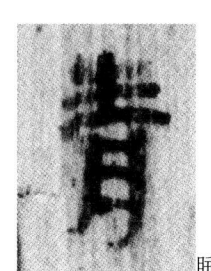

睡・為吏36

睡・日甲《盜者》73

關・日書 190

里・第八層 145

馬壹 173_19 上
〇其青乃大幾（饑）

馬壹 114_19\422
〇以丹㯃（漆）青黃銀（銀）

馬貳 246_284

張・奏讞書 217

銀壹 347

銀貳 2046

敦煌簡 0681

金關 T21:310

北壹・倉頡篇 2

○尚馮奕青北係

歷代印匋封泥

○采青丞印

秦代印風

○青肩

廿世紀璽印三-SY

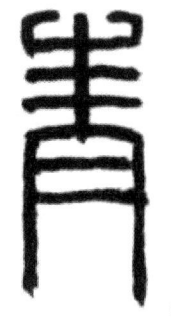

漢印文字徵

○寶青

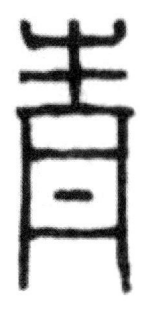

漢印文字徵

○陳青

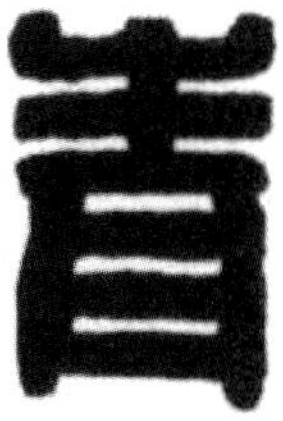

漢印文字徵

漢印文字徵

○宿長青

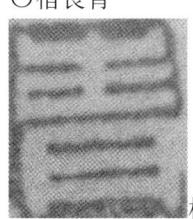

柿葉齋兩漢印萃

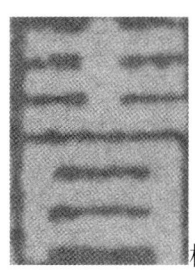

柿葉齋兩漢印萃

漢印文字徵

漢代官印選
〇青州刺史印
柿葉齋兩漢印萃 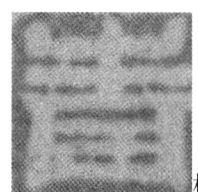
漢晉南北朝印風 
漢晉南北朝印風 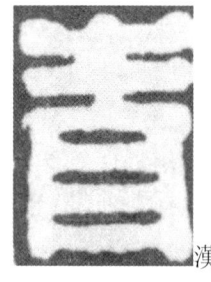
〇徐小青
漢晉南北朝印風 
〇莊青士
東漢・禮器碑 

東漢・司馬芳殘碑額
晉・劉韜誌 
北魏・于纂誌蓋 
北魏・元榮宗誌 
北魏・司馬顯姿誌 
北魏・元譚妻司馬氏誌 
北魏・元子直誌

○丹青旦蔚

北魏·元子直誌

○來事青瑣

北魏·元端誌

○青州諸軍事青州刺史

北齊·傅華誌蓋

○都督齊兗南青諸軍事

【靜】

《説文》：𩕳，審也。从青爭聲。

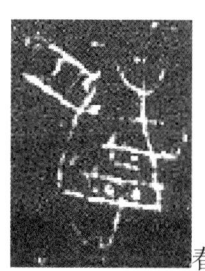

春早·秦公鐘

春晚·秦公簋

春晚·秦公鎛

春早·秦公鐘

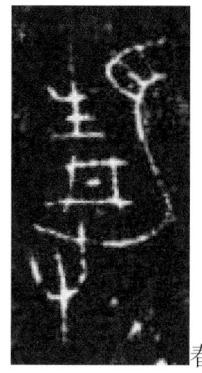

春早·秦公鎛

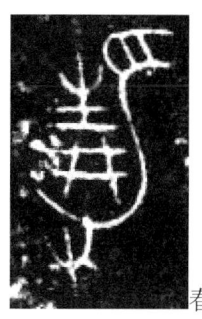

春早·秦公鎛

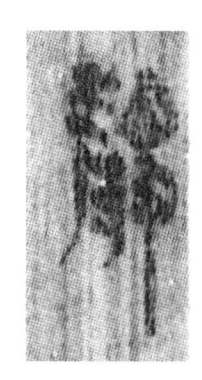

里·第八層 1356

馬壹 84_121

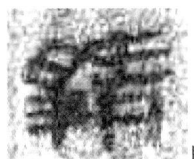

馬壹 36_23 上

馬壹 176_45 下

○靜者吉急者凶

馬壹 141_5 下/172 下

○上虛下靜而道得其正

馬貳 211_97

張・蓋盧 37

○義（我）有靜志起而擊之

銀貳 1626

北貳・老子 56

秦代印風

○吳靜

漢印文字徵

○孟靜

東漢・譙敏碑

東漢・西狹頌

○朝中惟靜

東漢・石門頌

○寧靜烝庶

東漢・開母廟石闕銘

○□其清靜

晉・洛神十三行

十六國北涼・沮渠安周造像

○守靜篤以致極

北魏・元侔誌

北魏・元弘嬪侯氏誌

東魏・淨智塔銘

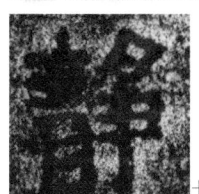

北齊・智靜造像

北齊・孫靜造像

北齊・斛律氏誌

井部

【井】

《說文》：井，八家一井，象構韓形。，罋之象也。古者伯益初作井。凡井之屬皆从井。

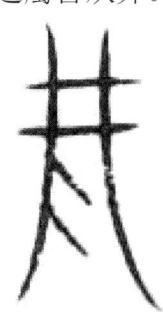

春晚・秦公鎛

睡・日甲 21

○嚮井

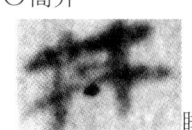

睡・日甲《毀弃》115

○門富井居西南困居

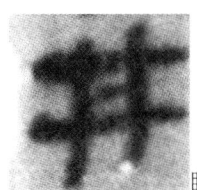

睡・日甲 5

○東井中（仲）

關・病方 340

○汲井

嶽·占夢書 38

○入井莆（溝）

馬壹 270_12 欄

○東井奎、斗、角所

馬壹 91_274

○不見井忌乎

馬壹 5_29 上

○井改邑不改

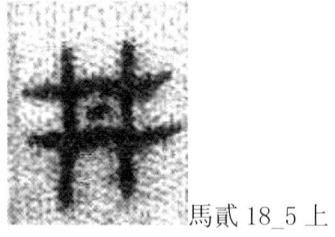

馬貳 18_5 上

○箕、井、七星、軫

張·行書律 267

○席設井磨吏有縣官

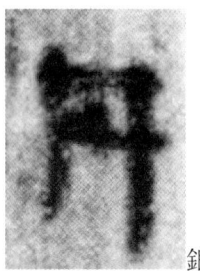

○華井

銀壹 183

○離天井

銀貳 1789

○可入井窬虜

敦煌簡 0263A

○候虜井上記到莊詣

金關 T10:412

○卅井縣索

武·儀禮甲《士相見之禮》16

○市井之臣

秦代印風

廿世紀璽印三-SY

○華井

漢印文字徵

○井閎之印

漢印文字徵

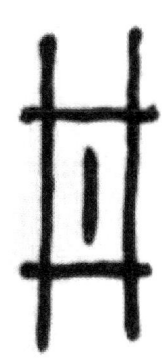

漢印文字徵

○井係

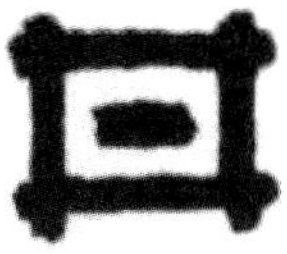

漢印文字徵

○井柱之印

東漢·史晨後碑

○史君念孔瀆顏母井去市遼遠

北魏·元隱誌

○塞井之謀

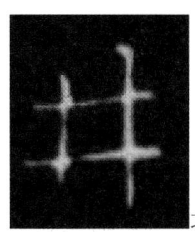

北魏·元鑽遠誌

○以井邑空虛

【瀞】

《說文》：瀞，深池也。从井，瑩省聲。

【阱】

《說文》：阱，陷也。从𨸏从井，井亦聲。

【穽】

《說文》：穽，阱或从穴。

【汬】

《說文》：汬，古文阱从水。

北壹·倉頡篇29

○陷阱錮釣

睡·秦律十八種5

三國魏·曹真殘碑

○公張羅設穽陷之坑

東魏·張滿誌

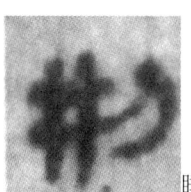

○豈悟坑穽

【刑】

《說文》：荆，罰辠也。从井从刀。《易》曰："井，法也。"井亦聲。

睡·秦律雜抄5

睡·法律答問125

睡·日甲22

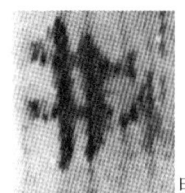

里·第八層244

○一人乾荆

馬壹5_29上

馬壹267_5

○凡刑（荆）曰以祭或死之

馬貳212_9/110

馬貳3_4

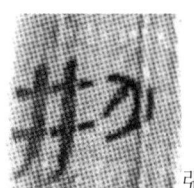

張·具律107

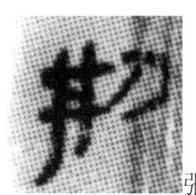

張·具律114

銀壹699

○天有恒荆（形）民

銀貳1659

2314

敦煌簡 2126

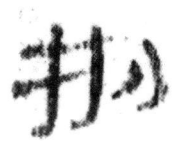

金關 T01:162

武·甲《特牲》44

武·甲《有司》30

漢印文字徵

漢印文字徵

漢印文字徵

漢印文字徵

○荊章之印

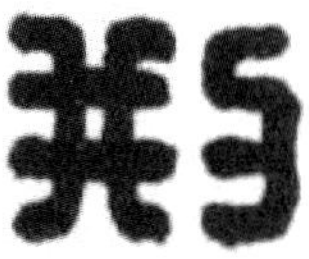

漢印文字徵

○荊昌之印

漢晉南北朝印風

○刑廣私印

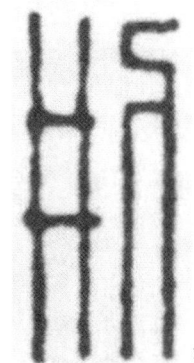

漢晉南北朝印風

詛楚文·沈湫

○夌競從刑剌不辜

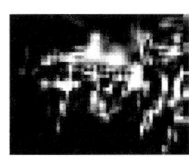

秦駰玉版

東漢·熹平石經殘石五

三國魏·王基斷碑

東魏・元惊誌

東魏・元惊誌

○德荆（刑）既舉

【刱】

《說文》：刱，造法刱業也。从井刃聲。讀若創。

北魏・元天穆誌

○事同草刱

皂部

【皂】

《說文》：皂，穀之馨香也。象嘉穀在裹中之形。匕，所以扱之。或說皂，一粒也。凡皂之屬皆从皂。又讀若香。

【卽（即）】

《說文》：卽，卽食也。从皂卩聲。

春早・秦公鐘

春早・秦公鎛

漢銘・新嘉量一

漢銘・新衡杆

漢銘・新嘉量二

睡・法律答問 164

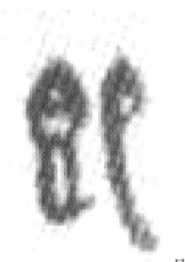

關・病方 350

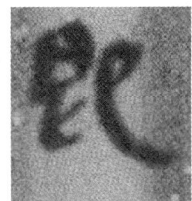

獄·數 184

獄·芮盜案 70

里·第八層 758

里·第八層背 1131

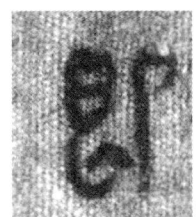

馬壹 78_88

馬壹 3_15 上

馬貳 144_1

馬貳 112_64/64

張·奏讞書 11

張·算數書 66

張·脈書 9

敦煌簡 0620

敦煌簡 1751

金關 T23:978

金關 T23:364B

金關 T30:057B

武·儀禮甲《服傳》50

武·甲《特牲》48

秦代印風
○即成

廿世紀璽印三-SP
○蔡即

廿世紀璽印三-GP
○即墨丞印

漢印文字徵
○即中卿

漢印文字徵

漢印文字徵

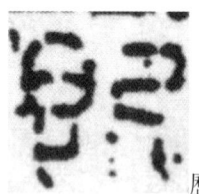

漢印文字徵

歷代印匋封泥
○即墨

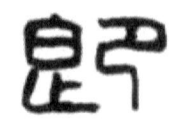

漢印文字徵

漢印文字徵

○即服

漢印文字徵

○即免青

漢晉南北朝印風

○即居令印

漢晉南北朝印風

○長利即子張

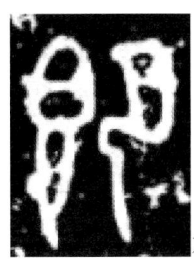

石鼓・霝雨

秦公大墓石磬

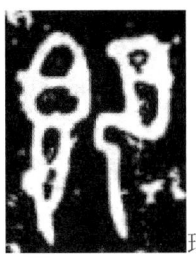

瑯琊刻石

東漢・尹宙碑

東漢・肥致碑

東漢・乙瑛碑

東漢・趙寬碑

晉・黃庭內景經

三國魏・三體石經春秋・古文
○元年春王正月公即

三國魏・三體石經春秋・篆文
○元年春王正月公即

三國魏・三體石經春秋・隸書
○元年春王正月公即

北魏・李端誌

北魏・趙充華誌

北魏・元尚之誌

北魏・元秀誌

北魏・高貞碑

北魏・元謐誌

北魏・元舉誌

北魏・元簡誌

東魏・閭叱地連誌

北齊・元賢誌

北齊・李難勝誌

【旣（既）】

《說文》：𣢩，小食也。从皀旡聲。
《論語》曰："不使勝食既。"

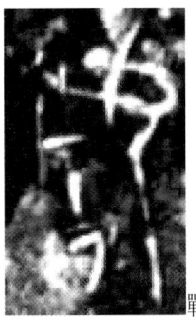

戰晚·廿一年音或戈

睡·為吏 24

○民之既教

睡·日甲《稷叢辰》32

○生子既美且長

馬壹 8_37 下

○日月既

馬壹 103_10\179

○既見君子

馬壹 108_115\284

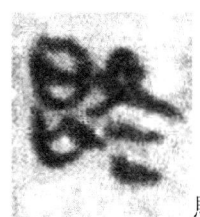

○既安止（之）

馬壹 108_122\291

○既行之矣

馬壹 130_14 上\91 上

○吾既正既靜

馬貳 33_1 下

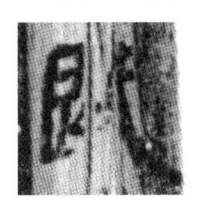

○周草既匱莫見於旁

張·算數書 132

○既道甲數到壬

北貳·老子 40

○既得其母

武·儀禮甲《士相見之禮》4

○某也既得見矣

武·儀禮甲《服傳》4

○經帶既虞贊（窮）

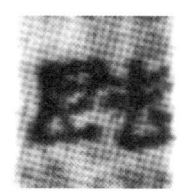

武·甲《少牢》6
〇既宿尸反爲期
武·甲《有司》49 
〇不拜既爵皆如是

東牌樓 049 背
〇勅告既緣休使乃盡

東牌樓 044
〇尚小既加□□功云

北壹·倉頡篇 51
〇論訊既詳

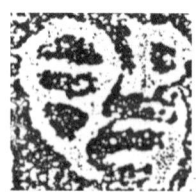

廿世紀璽印二-GP
〇左王既正

漢印文字徵

〇公孫既印

漢印文字徵
〇原既

漢晉南北朝印風
〇戴既旦

秦駰玉版

石鼓·吾水

泰山刻石

東漢·譙敏碑
〇既仕在公

東漢・從事馮君碑

○勤恪既脩

三國魏・三體石經殘・古文

○材既

三國魏・三體石經尚書・隸書

○周既受我弗敢智厥基永

三國魏・三體石經尚書・篆文

○周既受我

北魏・元詮誌

○埏扃既掩

北魏・元譚妻司馬氏誌

○既王既牧

北魏・薛伯徽誌

○既和聲遠聞

北魏・元誘誌

○捐珠之悲既切

【𩙿】

《說文》：𩙿，飯剛柔不調相著。从皀冂聲。讀若適。

鬯部

【鬯】

《說文》：鬯，以秬釀鬱艸，芬芳攸服，以降神也。从凵，凵，器也；中象米；匕，所以扱之。《易》曰：“不喪匕鬯。”凡鬯之屬皆从鬯。

東漢・東漢・婁壽碑陽

○身歿聲鬯

東漢・劉熊碑

○鬯芳旁布

北魏·元晫誌

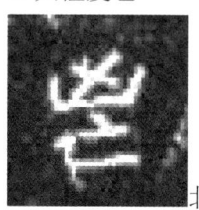

○大禮爰鬯

北魏·元懌誌

○秬鬯氛氲

【鬱】

《説文》：鬱，芳艸也。十葉爲貫，百艹貫築以煑之爲鬱。从臼、冂、缶、鬯；彡，其飾也。一曰鬱鬯，百艹之華，遠方鬱人所貢芳艸，合釀之以降神。鬱，今鬱林郡也。

【爵】

《説文》：爵，禮器也。象爵之形，中有鬯酒，又持之也。所以飲。器象爵者，取其鳴節節足足也。

【𩰤】

《説文》：𩰤，古文爵，象形。

漢銘·成山宮渠斗

漢銘·長安下領宮高鐙

漢銘·長安下領宮高鐙

漢銘·東阿宮鈁

睡·秦律十八種 153

○受其爵

睡·秦律雜抄 38

○捕人相移以受爵者

睡·法律答問 113

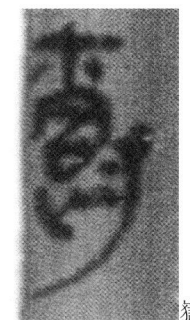

獄・數 123

獄・識劫案 115

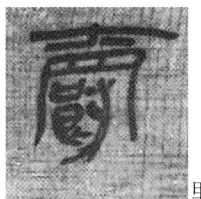

里・第八層 2551

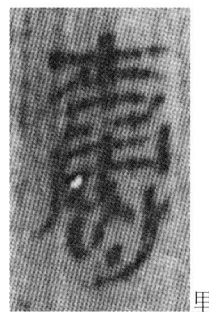

里・第八層 247

里・第八層背 702

里・第八層背 2188

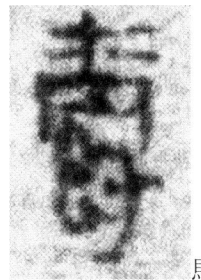

馬壹 107_93\262

馬壹 15_4 上\97 上

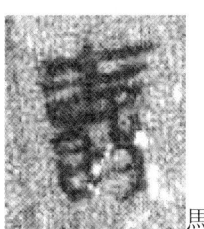

馬壹 36_42 上

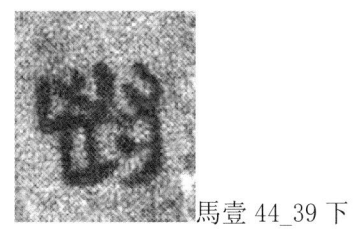

馬壹 44_39 下

○爵立（位）之尊

馬壹 259_5 下\21 下

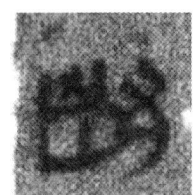

馬壹 42_30 下
○我又（有）好爵

馬貳 269_123/140

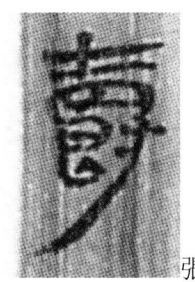

張·賊律 28

張·奏讞書 66

銀壹 590

北貳·老子 38

敦煌簡 2117

金關 T10:315A

金關 T01:020

金關 T31:014

金關 T10:120A

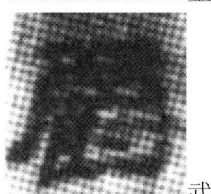

武·儀禮甲《士相見之禮》14

武·甲《特牲》47

武·甲《特牲》27

武·甲《少牢》40

武·甲《少牢》38

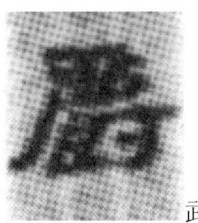

武·甲《有司》72

武·甲《有司》66

武·甲《泰射》37

東牌樓 147 背

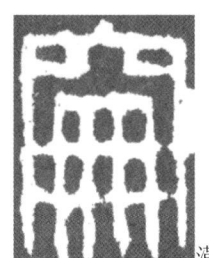

○□□爵□□承

漢代官印選

○主爵都尉章

漢印文字徵

○主爵都尉

漢印文字徵

○董逢爵

漢印文字徵

○辟爵

東漢·劉熊碑

○受爵列土

東漢·禮器碑

○爵鹿柤桓

東漢·曹全碑陽

○各獲人爵之報

西晉·石尠誌

○進爵城陽鄉侯

北魏·姚伯多碑

○仰論士爵

北魏·韓顯宗誌

○錫爵是孚

北魏·趙超宗誌

○爵列宋朝

北魏·鄁乾誌

○好爵是縻

北魏·元偃誌

○光爵元偃

東魏·元鷙誌

○自亮天爵

東魏·馮令華誌

○並縻好爵

北齊·斛律氏誌

○天爵已茂

北齊·法懃塔銘

○襲爵

北齊·雲榮誌

○方隆天爵

【鬯】

《說文》：鬯，黑黍也。一秬二米，以釀也。从凵矩聲。

【秬】

《說文》：秬，鬯或从禾。

北魏·元懌誌

○秬鬯氛氲

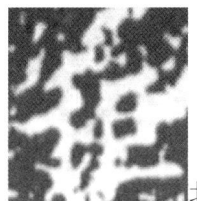

北魏·鄭羲下碑
○西洛馮維秬

【𨎥】

《說文》：𨎥，列也。从邑吏聲。讀若迅。

食部

【食】

《說文》：食，一米也。从皀亼聲。或說亼皀也。凡食之屬皆从食。

漢銘·信都食官行鐙

漢銘·梁鍾

漢銘·王家尚食釜

漢銘·廣陵服食官釘二

漢銘·御食官鼎

漢銘·南宮鼎一

睡·秦律十八種 46

睡·法律答問 210

睡·為吏 31

睡·日甲《星》85

睡·日甲《詰》68

睡・日甲《詰》33

關・日書 245

獄・為吏 77

獄・占夢書 42

獄・數 137

獄・識劫案 114

里・第八層 1222

馬壹 87_190

○不欲食乃自強步

馬壹 5_29 上

馬壹 257_4 下\10

○舟而食

馬貳 141_20

張・傳食律 233

張・蓋盧 31

○毋以食馬者攻之

張·引書 42

○暮食爲千

銀壹 903

銀貳 1811

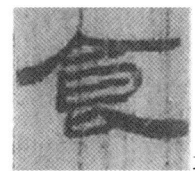

北貳·老子 104

敦煌簡 0348

敦煌簡 0206

○校食枯草

金關 T10:071

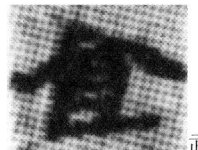

武·儀禮甲《士相見之禮》13

武·甲《特牲》47

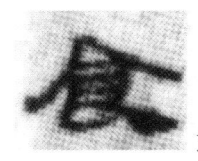

武·甲《特牲》52

武·甲《少牢》32

東牌樓 034 背

○餇食

廿世紀璽印三-GP

歷代印匋封泥

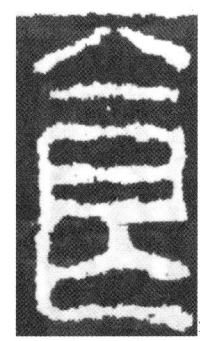

漢代官印選

漢印文字徵

漢印文字徵

漢印文字徵

漢印文字徵

秦馹玉版

新莽・萊子侯刻石
○使諸子食

東漢・肥致碑

東漢・石堂畫像石題記

東漢・元嘉元年畫像石題記二

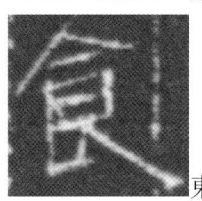

東漢・石祠堂石柱題記

東漢・桐柏淮源廟碑

東漢・石祠堂石柱題記

西晉・徐義誌

北魏・馮季華誌

北魏·元弼誌

北齊·徐顯秀誌
○賜食平原郡幹

北齊·徐顯秀誌
○食趙郡幹

北齊·赫連子悅誌

北齊·雲榮誌
○食高唐縣幹

北周·尉遲將男誌

北周·盧蘭誌

南朝梁·程虔誌

【饡】

《說文》：饡，滫飯也。从食贊聲。

【饌】

《說文》：饌，饡或从贊。

【籑】

《說文》：籑，饡或从奔。

【餾】

《說文》：餾，飯气蒸也。从食畱聲。

【飪】

《說文》：飪，大孰也。从食壬聲。

【肶】

《說文》：肶，古文飪。

【恁】

《說文》：恁，亦古文飪。

【饔】

《說文》：饔，孰食也。从食雝聲。

【飴】

《說文》：飴，米蘖煎也。从食台聲。

【餳】

《説文》：餳，籀文飴从異省。

馬壹 137_62 下/139 下

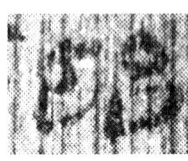

敦煌簡 0500A

○韋橐絮飴

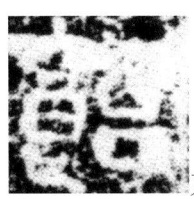

東漢・開母廟石闕銘

○神禮亨而飴格

北魏・高猛妻元瑛誌

【餳】

《説文》：餳，飴和饊者也。从食昜聲。

【饊】

《説文》：饊，熬稻粻䅤也。从食散聲。

【餅】

《説文》：餅，麪餈也。从食并聲。

馬貳 68_5/5

○淳酒漬而餅之

敦煌簡 0014

○膏餅

北魏・元項誌

【餈】

《説文》：餈，稻餅也。从食次聲。

【粢】

《説文》：粢，餈或从米。

【䭣】

《説文》：䭣，餈或从齊。

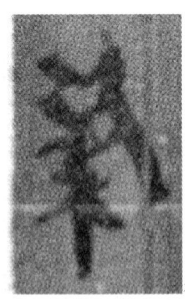

獄・數 209

吳簡嘉禾・五三六

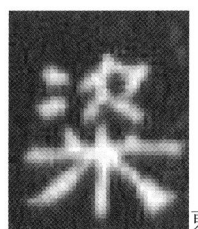

東漢·營陵置社碑

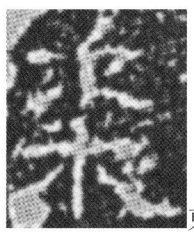

東漢·白石神君碑

西晉·郭槐柩記

【饘】

《說文》：饘，糜也。从食亶聲。周謂之饘，宋謂之餬。

東魏·昌樂王元誕誌

○饘溢遺典

東魏·羊深妻崔元容誌

○饘粥菜蔬

【餱】

《說文》：餱，乾食也。从食矦聲。《周書》曰："峙乃餱粻。"

金關 T06:092
○如乾餱伊美哉

【飛】

《說文》：飛，餱也。从食非聲。陳楚之閒相謁食麥飯曰飛。

【饎】

《說文》：饎，酒食也。从食喜聲。《詩》曰："可以饋饎。"

【糦】

《說文》：糦，饎或从米。

【䭾】

《說文》：䭾，饎或从巸。

【籑】

《說文》：籑，具食也。从食算聲。

【饌】

《說文》：饌，籑或从巽。

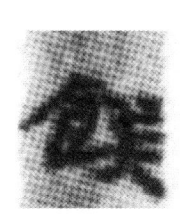

武·甲《少牢》44
○于上饌（籑）

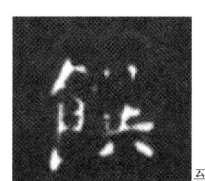

晉·黃庭內景經
○子丹進饌肴正黃

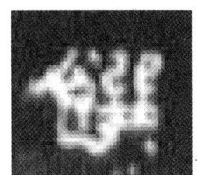

東魏‧公孫略誌

○貫五經之異饌

【養】

《説文》：養，供養也。从食羊聲。

【羧】

《説文》：羧，古文養。

睡‧語書 6

睡‧秦律十八種 113

睡‧為吏 27

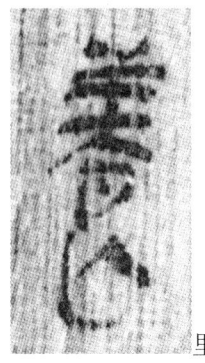

獄‧猩敞案 53

里‧第八層 756

馬壹 131_8 下\85 下

馬壹 124_46 上

馬壹 13_2 上\95 上

馬貳 212_4/105

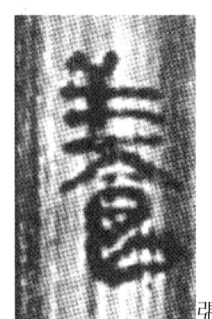

張‧戶律 343

張·奏讞書 56

張·脈書 15

銀壹 558

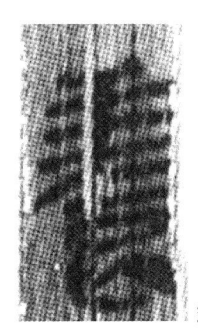

銀貳 1712

北貳·老子 38

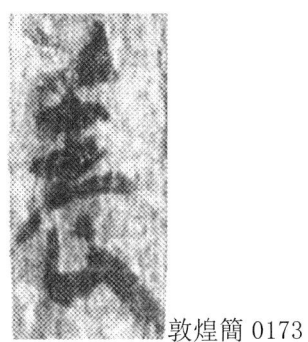

敦煌簡 0173

金關 T26:132

武·王杖 6

武·王杖 6

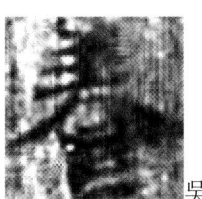

吳簡嘉禾·五·二五四

廿世紀璽印二-SY

○王養

廿世紀璽印三-GP

○養陵鄉印

東漢·曹全碑陽

東漢·肥致碑

東漢・孔宙碑陽

○尊賢養老

東漢・石祠堂石柱題記額

○雍養孤寡

西晉・成晃碑

東晉・黃庭經

北魏・秦洪誌

○居玄養素

北魏・高英誌

○方窮福養

北魏・趙謐誌

○貴閑養樸

北魏・韓曳雲造像

北周・尉遲將男誌

○養此孩孤

【飯】

《說文》：飯，食也。从食反聲。

漢銘・新常樂衛士飯幀

馬貳 118_177/176

○以汁漬（瀦）飯如食

張・賜律 293

張・引書 53

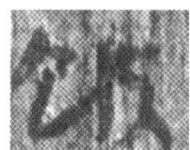

敦煌簡 0174

○強飯食

金關 T07:003

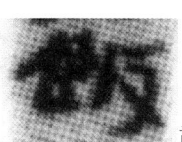

武·甲《少牢》29

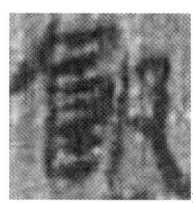

吳簡嘉禾·五·三七六

○強飯食

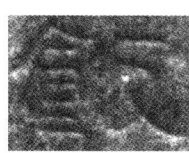

東漢·趙儀碑

○以家錢雇飯石工劉盛

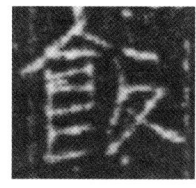

東漢·石祠堂石柱題記

○飯食衰少

北魏·元維誌

○七飯將臨

【鈕】

《說文》：鈕，雜飯也。从食丑聲。

【飤】

《說文》：飤，糧也。从人、食。

漢銘·長樂飤官鼎

睡·效律24

睡·效律22

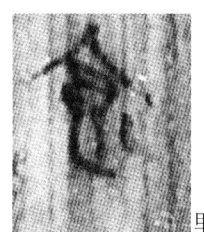

里·第八層1042

廿世紀璽印三-GP

歷代印匋封泥

廿世紀璽印三-GY

漢印文字徵

漢晉南北朝印風

○新興飤長

漢晉南北朝印風

【饡】

《説文》：饡，以羹澆飯也。从食贊聲。

【饟】

《説文》：饟，晝食也。从食象聲。

【餳】

《説文》：餳，饟或从傷省聲。

【飱】

《説文》：飱，餔也。从夕、食。

金關 T24:204A
○畢傳榆飱渡

【餔】

《説文》：餔，日加申時食也。从食甫聲。

【籚】

《説文》：籚，籀文餔从皿浦聲。

睡·日甲《詰咎》135
○餔時

關·病方 367
○餔時

里·第八層背 728
○餔時

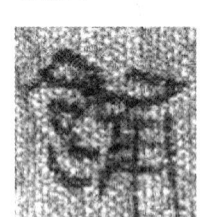

馬貳 73_105/105
○餔時

敦煌簡 2144
○餔時

金關 T21:073A

○盡以爲餔不可得

北壹·倉頡篇 26

○飢餓餂餔百廿

東漢·武氏左石室畫像題字

【餐】

《說文》：餐，吞也。从食奴聲。

【湌】

《說文》：湌，餐或从水。

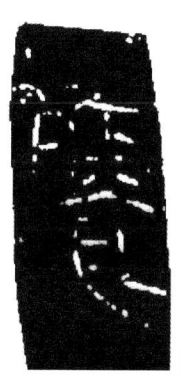

漢銘·雲陽鼎

張·引書 97

敦煌簡 0243B

○深衣強湌（餐）飯

西晉·徐義誌

○貢美吐餐

北魏·元璨誌

○豈直輟湌（餐）七辰

北魏·元顯俊誌

○顏子餐道

【餂】

《說文》：餂，歉也。从食兼聲。讀若風溓溓。一曰廉潔也。

北壹·倉頡篇 26

○飢餓餂餔

【饁】

《說文》：饁，餉田也。从食盇聲。《詩》曰："饁彼南畝。"

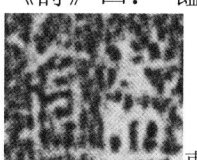

東漢·三公山碑

○童妾壺饁

東漢・孔宙碑陽

○南畮孔饢

【饢】

《說文》：饢，周人謂餉曰饢。从食襄聲。

【餉】

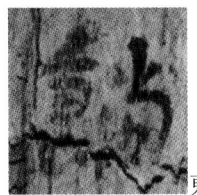

《說文》：餉，饢也。从食向聲。

東牌樓 034 背

○餉食

【饋】

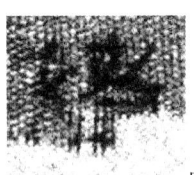

《說文》：饋，餉也。从食貴聲。

馬貳 79_220/207

○某起饋己

西晉・張朗誌

北魏・慈慶誌

北魏・馮會誌

北魏・元澄妃誌

【饗】

《說文》：饗，鄉人飲酒也。从食从鄉，鄉亦聲。

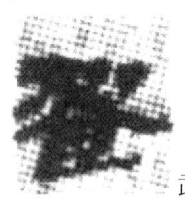

武・甲《特牲》2

○某子尚饗

東漢・乙瑛碑

西晉・郭槐柩記

西晉・臨辟雍碑

北魏·韓震誌

北魏·封魔奴誌

北魏·張正子父母鎮石

東魏·廣陽元湛誌

北齊·高阿難誌

【饛】

《說文》：饛，盛器滿皃。從食蒙聲。《詩》曰："有饛簋飧。"

【䬴】

《說文》：䬴，楚人相謁食麥曰䬴。從食乍聲。

【䬸】

《說文》：䬸，相謁食麥也。從食占聲。

【饖】

《說文》：饖，秦人謂相謁而食麥曰饖䭅。從食冣聲。

【䭅】

《說文》：䭅，饖䭅也。從食豈聲。

【餬】

《說文》：餬，寄食也。從食胡聲。

【飶】

《說文》：飶，食之香也。從食必聲。《詩》曰："有飶其香。"

【䬴（䬰）】

《說文》：䬴，燕食也。從食芺聲。《詩》曰："飲酒之䬴。"

北壹·倉頡篇 20
○䬰（䬴）猒然稀

【飽】

《說文》：飽，猒也。從食包聲。

【𩟛】

《說文》：𩟛，古文飽從采。

【䭃】

《说文》：🅂，亦古文飽从卯聲。

嶽·占夢書 1

○醉飽而夢雨

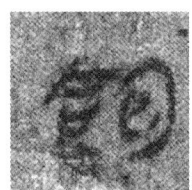

馬貳 115_114/113、114

張·蓋盧 3

張·引書 6

銀貳 1162

○我飽食而侍

武·甲《特牲》48

北壹·倉頡篇 25

廿世紀璽印三-SP

○成市飽

北魏·賈瑾誌

北魏·元欽誌

○於是人飽注川

【餇】

《说文》：餇，猒也。从食同聲。

【饒】

《说文》：饒，飽也。从食堯聲。

漢銘·高奴廟鈁

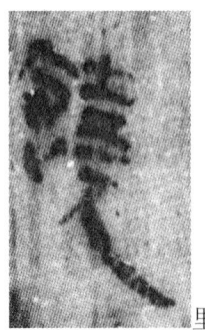

里·第八層背 739

○饒手

張・秩律 452

○饒陽周原

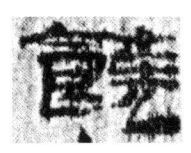

金關 T08:089A

○原武饒安里奚閒

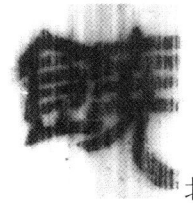

北壹・倉頡篇 25

○極緻饒飽糞

吳簡嘉禾・四・六六

○黃饒佃田

吳簡嘉禾・五・三五二

○李饒佃田

漢印文字徵

○孟饒

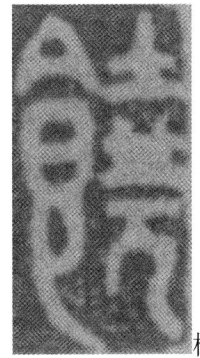

柿葉齋兩漢印萃

○饒勝

漢印文字徵

○廣饒侯相

漢印文字徵

○趙饒私印

漢印文字徵

○徐饒

漢印文字徵

○紀饒私印

漢印文字徵
○陳饒

漢晉南北朝印風
○王饒之印

北魏·元遙妻梁氏誌
○州刺史饒陽男

北魏·于仙姬誌
○混混三饒

北魏·王昌誌
○文饒未足齊操

東魏·王僧誌
○饒安人也

北齊·魯思明造像
○萬物饒演

【餘】

《說文》：餘，饒也。从食余聲。

睡·秦律十八種172

睡·秦律十八種22

睡·效律31

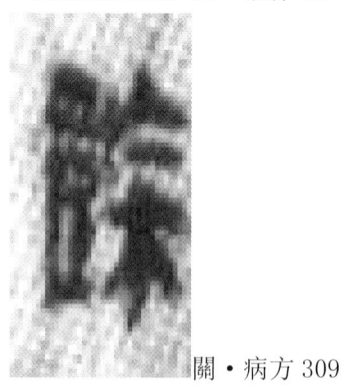

關·病方309
○取十餘叔（菽）

嶽·數 67

嶽·芮盜案 67

○十餘歲時

里·第八層 1055

馬壹 7_34 上

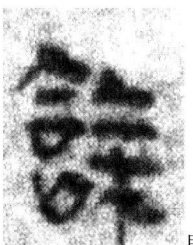

馬壹 109_149\318

○取逸餘（豫）者也

馬壹 3_8 上

馬貳 33_4 下

張·田律 241

張·算數書 134

銀貳 1187

北貳·老子 46

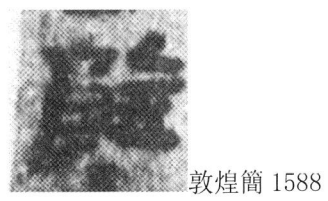

敦煌簡 1588

○月毋餘米

金關 T27:001

○杜餘年十八

武·甲《特牲》52

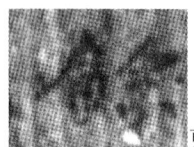

東牌樓 005
○宗無男有餘財

北壹・倉頡篇 25
○饒飽糞餘

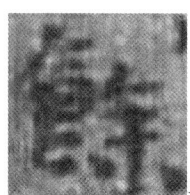

吳簡嘉禾・五・五○四

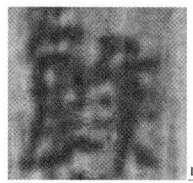

吳簡嘉禾・四・二一三
○餘力火種田

廿世紀璽印三-SY
○解地餘

漢晉南北朝印風
○新越餘壇君

漢印文字徵
○趙印地餘

漢印文字徵
○王土餘印

漢印文字徵
○於餘朔印

漢印文字徵
○餘芳蓋印

漢印文字徵
○榮餘之印

漢印文字徵
○餘蒲根印

漢印文字徵
○新越餘壇君

漢印文字徵
○高餘私印

柿葉齋兩漢印萃
○吳餘祿印

廿世紀璽印四-GY
○晉夫餘率善佰長

漢晉南北朝印風
○王餘私印

東漢・耿勳碑

東漢・熹平石經殘石四

東漢・趙寬碑

東漢・西狹頌

東漢・夏承碑
○十有餘人

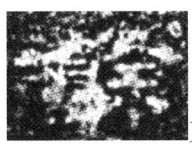

東漢・史晨前碑
○餘胙賜先生執事

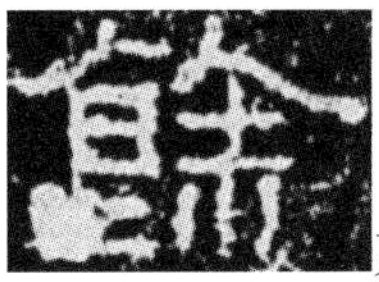

東漢・三老諱字忌日刻石
○次子提餘

西晉・石尠誌

北魏・寇治誌
○赫矣餘輝

北魏・韓顯宗誌
○莊公之餘

北魏・穆亮誌
○餘慶流演

北魏・元詮誌

○餘如故

北魏・吐谷渾璣誌

○痛蘭風之餘芳

北魏・鮮于仲兒誌

○母績有餘

北魏・丘哲誌

○未盡餘誠

北魏・元熙誌

東魏・元顯誌

○餘慶無徵

北齊・司馬遵業誌

○餘官如故

北齊・張海翼誌

○積善餘慶

【餀】

《說文》：餀，食臭也。从食艾聲。

《爾雅》曰："餀謂之喙。"

【餞】

《說文》：餞，送去也。从食戔聲。

《詩》曰："顯父餞之。"

漢晉南北朝印風

○餞德私印

北魏・檀賓誌

【餫】

《說文》：餫，野饋曰餫。从食軍聲。

北周・田弘誌

○始下沮漳之餫（鐔）

【館】

《說文》：館，客舍也。从食官聲。

《周禮》：五十里有市，市有館，館有

2350

積，以待朝聘之客。

漢銘·館陶家行釘

漢銘·館陶郭小鐵

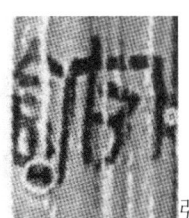

張·脈書 27

○臂外館（腕）上

北貳·老子 190

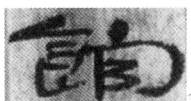

金關 T24:541

漢晉南北朝印風
○館陶家丞

漢印文字徵
○館陶家丞

漢印文字徵
○韓館

漢印文字徵
○唐館

東漢·孔宙碑陰

東漢·孔宙碑陰

東漢·郭季妃畫像石墓題記
○天館丞

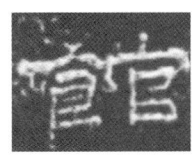

東漢·桐柏淮源廟碑

北魏·元龍誌
○奄捐館舍

東魏·元仲英誌

○薨於館第

北齊·張海翼誌

○忽辭華館

【饕】

《說文》：饕，貪也。从食號聲。

【叨】

《說文》：叨，饕或从口刀聲。

【號】

《說文》：號，籀文饕从號省。

東漢·尚博殘碑

東漢·尚博殘碑

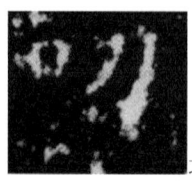

北魏·法生造像

○屢叨末筵

【飻】

《說文》：飻，貪也。从食，殄省聲。《春秋傳》曰："謂之饕飻。"

東漢·尚博殘碑

【饖】

《說文》：饖，飯傷熱也。从食歲聲。

【饐】

《說文》：饐，飯傷溼也。从食壹聲。

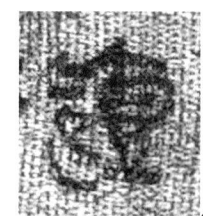

馬貳65_31/65

張·脈書41

○上氣饐（噎）嗌

【餲】

《說文》：餲，飯餲也。从食曷聲。《論語》曰："食饐而餲。"

【饑】

《說文》：饑，穀不孰為饑。从食幾聲。

馬壹 174_32 下

○天下大饑

張·蓋盧 54

○數饑者攻之

東漢·孔彪碑陽

東漢·相張壽殘碑

○罔荒饑飢

東漢·祀三公山碑

【饉】

《說文》：饉，蔬不孰爲饉。从食堇聲。

東漢·孔彪碑陽

○饑饉

東漢·鮮於璜碑陽

○冀土荒饉

北魏·元壽安誌

○饑饉洊臻

北魏·元詮誌

○歲屬災饉

【䬵】

《說文》：䬵，飢也。从食㐌聲。讀若楚人言志人。

北壹·倉頡篇 26

○䬵餓鎌餔

【餧】

《說文》：餧，飢也。从食委聲。一曰魚敗曰餧。

敦煌簡 0175

○卷餧死將塋

東漢·石門頌

【飢】

《說文》：飢，餓也。从食几聲。

睡‧為吏 31

獄‧為吏 21

馬壹 226_83

馬壹 212_33

張‧蓋盧 31

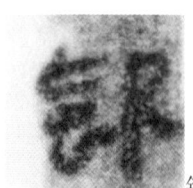

銀壹 54
〇飽能飢之者

銀貳 1577

北貳‧老子 104
〇人之飢也

敦煌簡 0171
〇然則不澹飢餓并至

東漢‧尚博殘碑

東漢‧尚博殘碑

三國魏‧上尊號碑
〇飢者以充

北魏‧韓顯祖造像
〇捨躬於飢獸庸

北魏‧王誦誌
〇實忘飢寒

北魏·元壽安誌

北魏·元詮誌

北齊·雋敬碑

○醶味救飢

【餓】

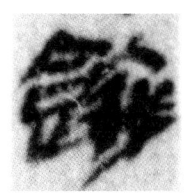

《說文》：饿，飢也。从食我聲。

睡·日甲《詰》62

○是＝餓鬼以

馬壹16_9下\102下

○至飢餓不得食

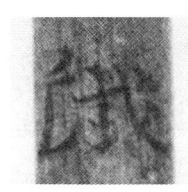

敦煌簡0971

○間以戊部餓乏

北壹·倉頡篇26

○飢餓鎌餔

北齊·石佛寺迦葉經碑

○墮餓鬼地獄

【餽】

《說文》：餽，吳人謂祭曰餽。从食从鬼，鬼亦聲。

睡·法律答問129

張·盜律63

敦煌簡0846A

武·甲《特牲》47

漢印文字徵

○餽印奉親

【餟】

《說文》：餟，祭酹也。从食叕聲。

東漢·肥致碑

【銳】

《說文》：䬠，小餟也。从食兌聲。

北壹·倉頡篇22

○䬠斟掇䇮謱觸聊

【䬴】

《說文》：䬴，馬食穀多，气流四下也。从食交聲。

漢印文字徵

○守䬴之印

【䬛】

《說文》：䬛，食馬穀也。从食末聲。

秦文字編803

【餕】

《說文》：餕，食之餘也。从食夋聲。

【饈】

《說文》：饈，餌屬。从食羑聲。

〖飯〗

秦文字編803

〖飲〗

敦煌簡0177

敦煌簡0043

○馬但食枯葭飲水

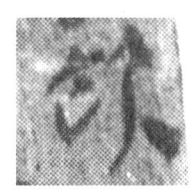

敦煌簡0238B

○莫食飲

金關T28:058

金關T07:081

○足以飲此

武·甲《特牲》33

武·甲本《有司》71

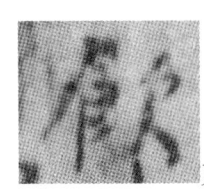

東牌樓 007

魏晉殘紙

東漢·熹平石經殘石五

東漢·元嘉元年畫像石題記二

西晉·臨辟雍碑

北魏·元彥誌

北魏·于仙姬誌

北齊·劉悅誌

〖飢〗

張·引書 109

○飢（飢）渴白汗

〖飰〗

武·甲《特牲》10

○視飰（餼）爨于西堂下

〖飱〗

東牌樓 047 背

○飯飱難爲財

〖飴〗

第五卷

〖飵〗

孔·歲461

○西方飵（苦）

〖䬳〗

馬貳134_8/63

○啜陵（菱）䬳（芰）

〖飪〗

北魏·于纂誌

北魏·侯掌誌

〖餄〗

漢印文字徵

○矦餄私印

〖銀〗

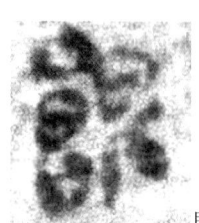

馬壹114_20\423

○青黃銀（銀）玉黃

〖餄〗

銀貳1205

○傷食饑餄

〖餹〗

北齊·馬天祥造像

○永□餹虔

〖餚〗

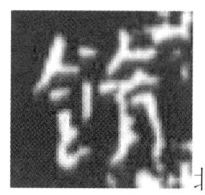

北齊·崔博誌

○芳餚徒設

〖餳〗

漢印文字徵

○餳姑明印

〖餦〗

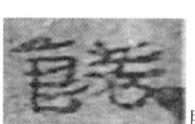

居·EPT53.221

○第十二卒成餦

〖餺〗

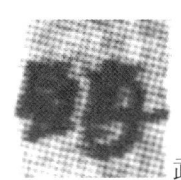

武·甲《泰射》5

○于西餺（鑄）之

〖餟〗

里·第八層 2101

○人市工用餟

〖饍〗

馬貳 86_370/360

○彘膏饍先刮加（痂）

十六國北涼·沮渠安周造像

○朝飢思饍

北魏·馮邕妻元氏誌

○飲饍之味

東魏·張玉憐誌

○溫清視饍

亼部

【亼】

《說文》：亼，三合也。从入、一，象三合之形。凡亼之屬皆从亼。讀若集。

【合】

《說文》：合，合口也。从亼从口。

春早·秦公鐘

漢銘·第七平陽鼎

漢銘·羽陽宮鼎

睡·日甲《土忌》137

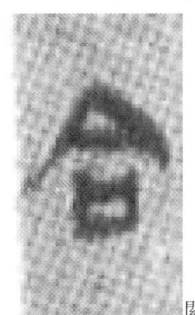

關·日書 188

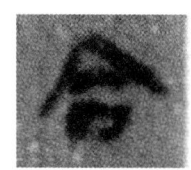

嶽・數 72

里・第八層 1534

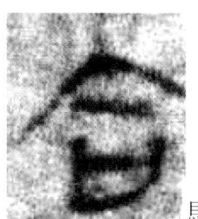

馬壹 91_272

馬壹 80_6

馬貳 238_196

馬貳 203_9

張・引書 86

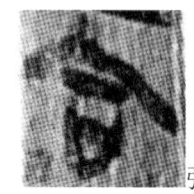

張・遣策 38

銀壹 140

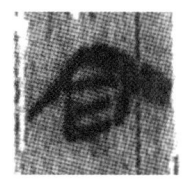

銀貳 1045

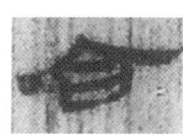

北貳・老子 49

敦煌簡 2012

金關 T22:099

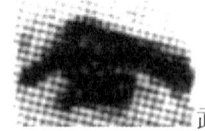

武・儀禮甲《士相見之禮》7

武・甲《特牲》31

武‧甲《少牢》31

東牌樓 055 正

○行虧合作

北壹‧倉頡篇 69

○娣叚糌合冥踝

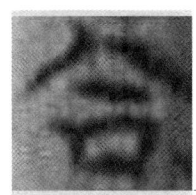

吳簡嘉禾‧四‧二一

漢晉南北朝印風

廿世紀璽印三-SY

漢晉南北朝印風

廿世紀璽印三-GY

○合浦太守章

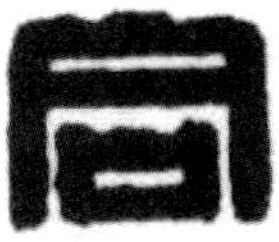

漢印文字徵

漢代官印選

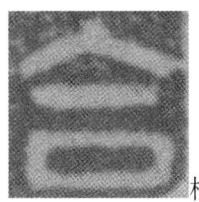

柿葉齋兩漢印萃

漢印文字徵

漢印文字徵

漢印文字徵

漢印文字徵

漢印文字徵

漢印文字徵

漢晉南北朝印風

東漢・曹全碑陽

東漢・曹全碑陽

東漢・餘草等字殘碑

晉・黃庭內景經

北魏・張正子父母鎮石

北魏・韓賄妻高氏誌

○良合古典

北齊・韓裔誌

○行合禮儀

北齊・石佛寺迦葉經碑

○迦葉菩薩長跪合掌

北周・寇嶠妻誌

○洛陽合祔於邵州使君之塋

【僉】

《說文》：僉，皆也。从亼从吅从从。《虞書》曰："僉曰伯夷。"

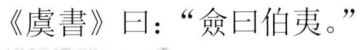

馬壹 136_61 上/138 上

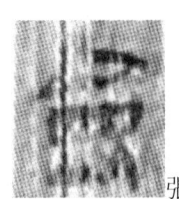

張・引書 9

銀貳 1156

敦煌簡 0671

漢印文字徵

○亲僉印信

秦文字編 804

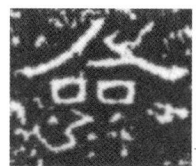

東漢・張遷碑陽

東漢・樊敏碑

東漢・析里橋郙閣頌

北魏・元子正誌

北魏・元乂誌

北魏・石婉誌

東魏・司馬韶及妻侯氏誌

東魏・高盛碑

北齊・吳遷誌

【侖】

《說文》：侖，思也。从亼从冊。

【龠】

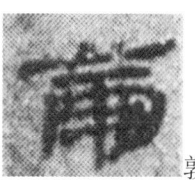

《說文》：龠，籀文侖。

敦煌簡 1683

○第二昆侖

金關 T27:099

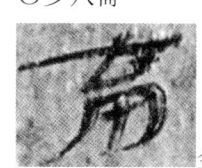

○少八侖

金關 T04:079

○升九侖

【今】

《説文》：今，是時也。从亼从フ。フ，古文及。

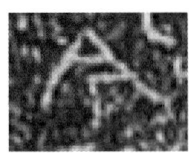

戰晚・左樂兩詔鈞權

秦代・元年詔版二

漢銘・羽陽宮鼎

漢銘・建昭鴈足鐙一

漢銘・楚大官廚鼎

漢銘・雝平陽宮鼎

漢銘・酈偏鼎

漢銘・中私府鍾

睡・語書 7

睡・法律答問 136

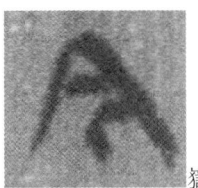

獄・數 4

里・第八層 141

馬壹 82_56

馬壹 80_11

張・奏讞書 106

張·算數書 32

敦煌簡 0501

○今有餘泉九千二百

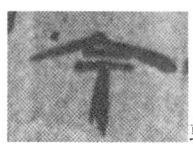

敦煌簡 1448

金關 T10:116

金關 T31:140

東牌樓 043 背

○受告今送求

東牌樓 049 背

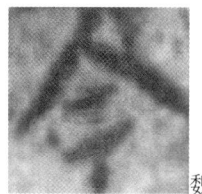

魏晉殘紙

漢印文字徵

漢印文字徵

○楊今

漢印文字徵

○今日利行

漢印文字徵

詛楚文·巫咸

○質今楚王熊相康回

琅琊刻石

東漢・西岳華山廟碑陽

東漢・石門頌

東漢・石祠堂石柱題記

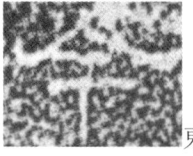

東漢・趙寬碑

東漢・趙寬碑

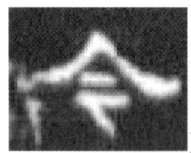

東漢・營陵置社碑

〇訖今墻垣頹敗

東漢・營陵置社碑

〇降及於今

東漢・李孟初神祠碑

西晉・臨辟雍碑

北魏・元偃誌

北魏・劉氏誌

北魏・嚴震誌

北魏・封魔奴誌

〇今改云遷

北魏・元仙誌

北魏・封君妻誌

〇今不復更言

北魏·鄭黑誌

北齊·高淯誌

南朝宋·景熙買地券

○今歸

【舍】

《説文》：舍，市居曰舍。从亼、中，象屋也。口象築也。

漢銘·東阿宮鈁

漢銘·陽泉熏鑪

漢銘·陽泉熏鑪

漢銘·束舍行鐙

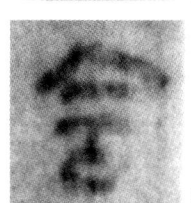

睡·日甲《盜者》81

獄·識劫案 133

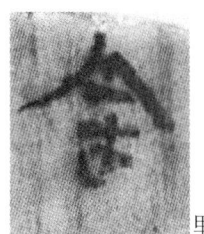

里·第八層 160

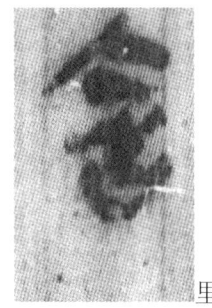

里·第八層背 2039

馬壹 145_33/207 下

馬壹 98_69

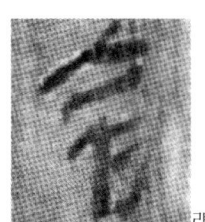

張·亡律 172

○以舍亡人律論之

張·賊律 4

○燔寺舍

張·奏讞書 206

○舍人

銀壹 677

○不我舍女（汝）

銀貳 1569

北貳·老子 87

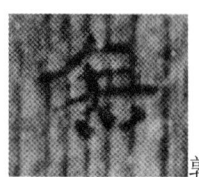

敦煌簡 1134

敦煌簡 2337B

金關 T10:221A

金關 T24:011

東牌樓 054 正

歷代印匋封泥

○乍（作）人舍

秦代印風

○弓舍

秦代印風
○□舍

廿世紀璽印三-SY
○臣衆舍

廿世紀璽印三-SY

漢晉南北朝印風
○衛舍祭尊

漢印文字徵
○舍印

漢代官印選
○傳舍

歷代印匋封泥
○萬生舍之

歷代印匋封泥

漢印文字徵
○傳舍

漢印文字徵
○廿八日騎舍印

漢印文字徵
○徐舍

漢印文字徵

〇王舍

漢印文字徵

〇西門舍

漢晉南北朝印風

〇臣舍之

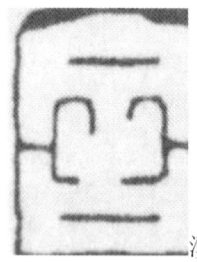

漢晉南北朝印風

〇周舍之

東漢・肥致碑

〇解止幼舍

東漢・尚博殘碑

晉・黃庭内景經

【𨠑】

秦文字編 808

會部

【會】

《說文》：會，合也。从亼，从曾省。曾，益也。凡會之屬皆从會。

【㒶】

《說文》：㒶，古文會如此。

戰晚・新鄭虎符

睡・秦律十八種 187

睡·法律答問 153

睡·日甲《門》147

睡·日甲《詰》39

嶽·質日 3460

里·第八層 1258

里·第八層背 175

馬壹 112_19\370

馬壹 76_62

馬貳 38_65 上

張·史律 474

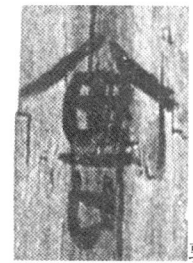

敦煌簡 1459B

敦煌簡 2260

金關 T10:400

東牌樓 049 正

吳簡嘉禾・一一四五

秦代印風

○會

廿世紀璽印三-GP

○會稽太守章

漢印文字徵

○會宜年

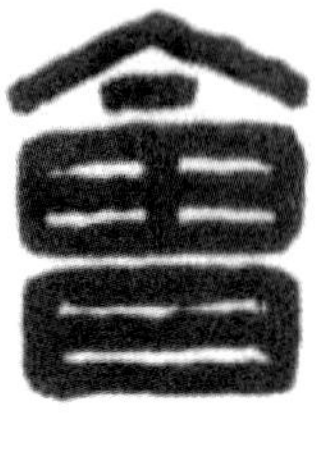

漢印文字徵

漢印文字徵

漢印文字徵

漢印文字徵

○會稽太守

柿葉齋兩漢印萃

○會稽太守章

漢印文字徵

○主父會印

漢代官印選

2372

漢晉南北朝印風
○魏會

漢晉南北朝印風
○會翔

東漢・成陽靈臺碑

東漢・景君碑

東漢・張景造土牛碑

三國吳・買冢城磚
○會稽亭侯

三國魏・三體石經春秋・隸書

三國魏・三體石經春秋・篆文

北魏・元熙誌

北魏・韓顯宗誌
○言與行會

北魏・翟普林造像
○超赴蟠會

北魏・元懷誌
○百官赴會

北魏·李超誌

北魏·元恪嬪李氏誌

北魏·馮會誌
○太妃姓馮名會

東魏·廣陽元湛誌

東魏·咸會殘石
○咸會雀土流

北齊·智靜造像
○佛會

北齊·董桃樹造像

北齊·謝思祖夫妻造像

三國魏·三體石經春秋·古文
○弔（叔）服來㞧（會）葬

【䘇】

《說文》：䘇，益也。从會卑聲。

【曟】

《說文》：曟，日月合宿从辰。从會从辰，辰亦聲。

倉部

【倉】

《說文》：倉，穀藏也。倉黃取而藏之，故謂之倉。从食省，口象倉形。凡倉之屬皆从倉。

【仺】

《說文》：仺，奇字倉。

漢銘·陽周倉鼎

漢銘·平都犁斛

漢銘·涇倉平斛

睡·秦律十八種 54

睡·效律 27

睡·日甲《星》84

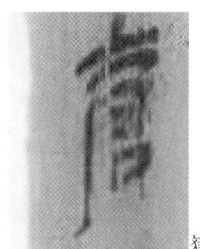

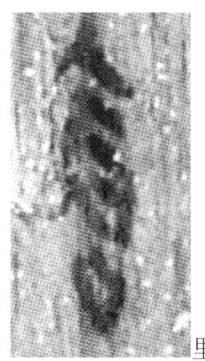

獄·數 177

獄·暨過案 96

里·第五層 1

里·第八層 516

里·第八層背 1488

馬壹 46_68 下

敦煌簡 1074
〇昌安倉惠

金關 T02:100
〇平陸倉東里

金關 T24:144

東牌樓 105 正

北壹・倉頡篇 55
〇囷窖廩倉桶概

吳簡嘉禾・五・一〇〇三

吳簡嘉禾・五・四二七

吳簡嘉禾・四・二三七

廿世紀璽印二-SP
〇咸倉故世

歷代印匋封泥
〇泰倉丞印

秦代印風
〇廄田倉印

秦代印風
〇私倉

秦代印風
〇倉

廿世紀璽印三-GY
〇軍大右倉

廿世紀璽印三-GP

○倉印

廿世紀璽印三-GP

○齊太倉印

漢晉南北朝印風

○倉印

漢晉南北朝印風

○屬國倉丞

廿世紀璽印三-SY

○周倉

漢印文字徵

○共倉

漢印文字徵

○徐倉

漢印文字徵

○臣倉

漢印文字徵

○倉嘉私印

漢代官印選

○甘泉倉長

歷代印匋封泥

○倉印

歷代印匋封泥
○長信倉印

歷代印匋封泥
○齊大倉印

漢印文字徵
○鮑倉

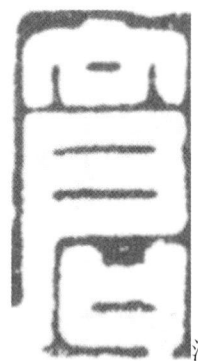

漢晉南北朝印風
○臣倉

漢晉南北朝印風
○倉嘉私印

東漢・鮮於璜碑陽

東漢・元嘉元年畫像石題記二

東漢・倉頡廟碑側

東漢・楊著碑陽

○印叫穹倉

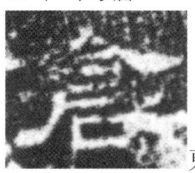

東漢・史晨前碑

東漢・史晨前碑

東漢・西狹頌

東漢・熹平殘石

東漢・王舍人碑

東漢·西狹頌

○丞右扶風陳倉呂國

北魏·元彬誌

北魏·王口奴誌

北魏·寇憑誌

○嗚呼彼倉

北魏·胡明相誌

【牄】

《說文》：牄，鳥獸來食聲也。从倉爿聲。《虞書》曰："鳥獸牄牄。"

入部

【入】

《說文》：入，內也。象从上俱下也。凡入之屬皆从入。

漢銘·日入千万殘鈴

漢銘·日入千金壺

漢銘·日入大万鍾

漢銘·日入千合符鉤

漢銘·日入八千鍾

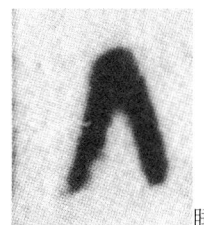

睡·秦律十八種 7

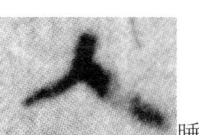

睡·日甲 83

○入正月二日

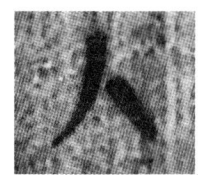

里·第八層 232

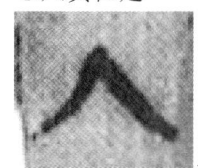

○入貨在廷

里·第八層 60

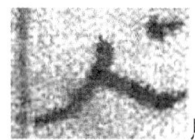

馬貳 21_33 下
○入有獄平旦

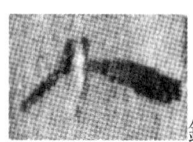

銀貳 1804
○出入

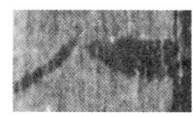

敦煌簡 0798
○辛亥入東

金關 T06:111B
○以入

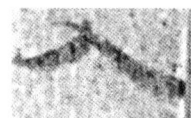

金關 T06:052
○庚午入

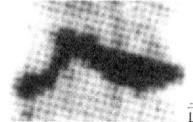

武·甲《特牲》15
○入執（設）

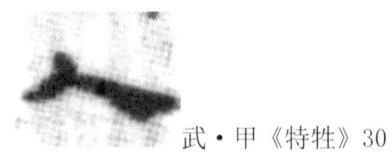

武·甲《特牲》30
○實爵於篚入復位

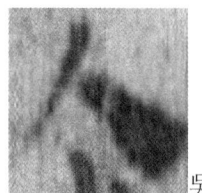

吳簡嘉禾·五·二五七
○尺準入米九斗六升

漢印文字徵
○利出入

漢印文字徵
○出入大吉

漢印文字徵
○入千日

漢印文字徵
○日入千万

漢印文字徵
○出入利

漢印文字徵
○日入千万

漢印文字徵

漢印文字徵

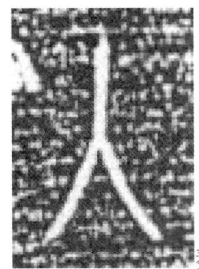

○出入大吉

秦公大墓石磬

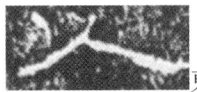

東漢・石門頌

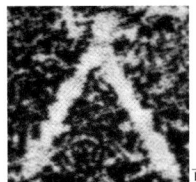

東漢・開母廟石闕銘

東晉・黃庭經

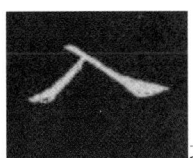

北魏・元纂誌

北齊・狄湛誌

【內】

《說文》：內，入也。从口，自外而入也。

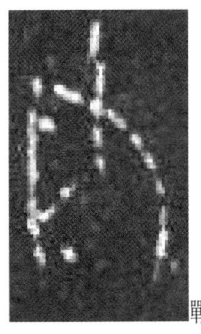

戰中・王八年內史操戈

漢銘・壽成室鼎一

漢銘・桂宮行鐙

漢銘・綏和鴈足鐙

漢銘・竟寧鴈足鐙

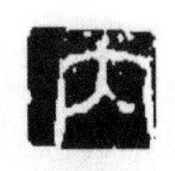

漢銘・建武卅二年弩鐖

漢銘・成山宮渠斗

漢銘・中山內府銅钁

里・第八層 527

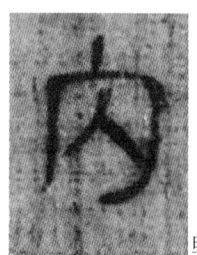

里・第八層 105

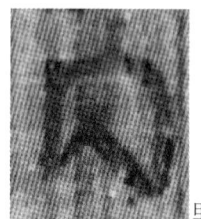

里・第八層背 87

馬壹 84_108

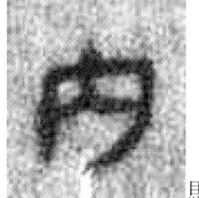

馬壹 36_41 上

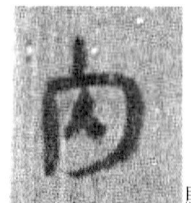

馬貳 207_52

張・秩律 471

張・傅律 359

張・奏讞書 60

銀壹 410

銀貳 1174

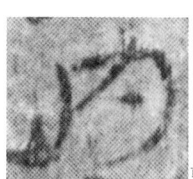

敦煌簡 0238A

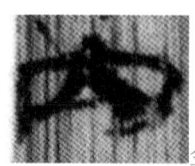

金關 T29:128

〇魏郡內黃

金關 T10:221A

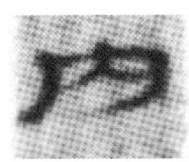

武·甲《有司》70

東牌樓 050 正

北壹·倉頡篇 54

北壹·倉頡篇 71

〇律丸内戍

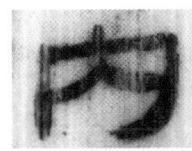

北壹·倉頡篇 8

魏晉殘紙

秦代印風

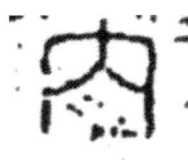

廿世紀璽印三-GP

歷代印匋封泥

歷代印匋封泥

漢晉南北朝印風

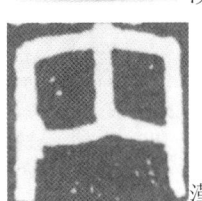

漢晉南北朝印風

廿世紀璽印三-GP

廿世紀璽印三-GP

廿世紀璽印三-GP

廿世紀璽印三-GY

廿世紀璽印三-GY

○內黃令印

漢晉南北朝印風

廿世紀璽印三-GY

漢印文字徵

○內成

漢印文字徵

漢印文字徵

漢印文字徵

○內常之印

歷代印匋封泥

漢代官印選

○內謁者令

漢代官印選

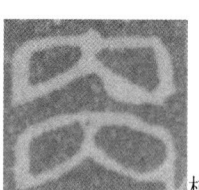

柿葉齋兩漢印萃

○關內侯印

歷代印匋封泥

柿葉齋兩漢印萃

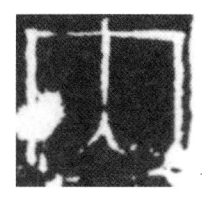

廿世紀璽印四-GY

○關內侯印

漢晉南北朝印風

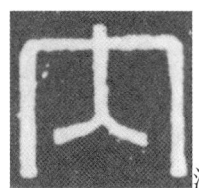

漢晉南北朝印風

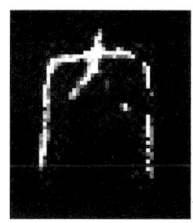

漢晉南北朝印風

詛楚文・沈湫

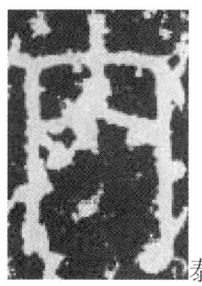

泰山刻石

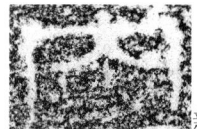

新莽・馮孺人題記

東漢・趙寬碑

東漢・司馬芳殘碑額

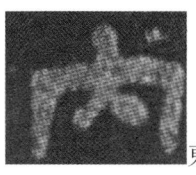

東漢・楊統碑陽

東漢・熹平殘石

○行成於內

東漢・趙寬碑

東漢・張遷碑陽

東漢・舉孝廉等字殘碑

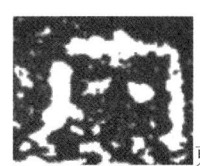

東漢・繆紆誌

東漢・肥致碑

東漢・永壽元年畫像石墓記

晉・趙府君闕

〇關內侯河內

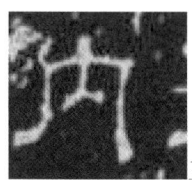

三國魏・上尊號碑

西晉・石尠誌

北魏・趙光誌

北魏・乞伏寶誌

北魏・司馬紹誌

〇河內溫人也

北魏・劉阿素誌

北魏・元譿誌

北魏・馮會誌

北魏・吐谷渾璣誌

北魏・楊範誌

北魏・給事君妻韓氏誌

東魏・元悰誌

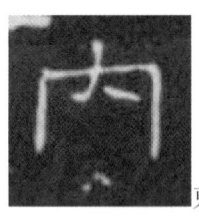

東魏・叔孫固誌

東魏・元賥誌

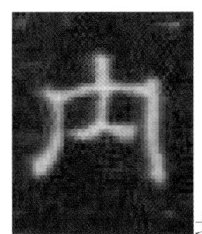

北周·王榮及妻誌

【㞋】

《説文》：㞋，入山之深也。从山从入。闕。

【糴】

《説文》：糴，市穀也。从入从糶。

獄·數 148

○欲糴（糴）米

敦煌簡 0773

○糴鐵千三石

東漢·曹全碑陽

【仝】

《説文》：仝，完也。从入从工。

【㒰】

《説文》：㒰，古文仝。

【全】

《説文》：全，篆文仝从玉，純玉曰全。

睡·法律答問 69

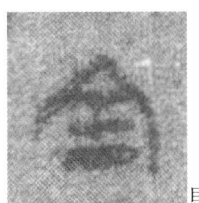

馬貳 112_65/65

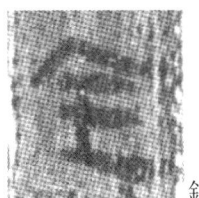

銀貳 1545

北貳·老子 179

敦煌簡 0667

○哀憐全命敞宗殺身

金關 T24:635

○哀憐全命

秦代印風

漢印文字徵

漢印文字徵

○全尤

北魏・淨悟浮圖記

○大檀越主任妙宗全造

東漢・肥致碑

東漢・曹全碑陽

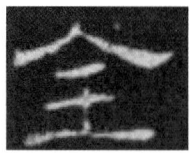

西晉・徐義誌

北魏・源延伯誌

○夏岳既全

北魏・元思誌

○王諱思字永全

北魏・張九娃造像

北魏・四耶耶骨棺蓋

○長男蔣公全

北魏・元繼誌

○保身全名

北魏・元昭誌

東魏・高盛碑

○僅全扶而後起

【仒】

《說文》：从，二入也。兩从此。闕。

缶部

【缶】

《說文》：击，瓦器。所以盛酒漿。秦人鼓之以節謌。象形。凡缶之屬皆从缶。

漢銘・東海宮司空盤

漢銘・乘輿缶

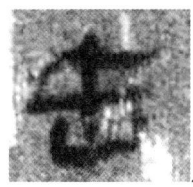

馬壹5_23上
○有孚（復）盈缶

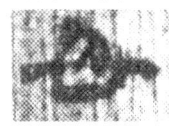

敦煌簡0839A
○賣綦缶艸器物

廿世紀璽印三-GP
○右缶

漢印文字徵
○李缶

東魏・王令媛誌
○擊缶之期奄及

北齊・王憐妻趙氏誌
○葬於城西缶山之上

【䍃】

《說文》：䍃，未燒瓦器也。从缶殳聲。讀若筩莩。

北壹・倉頡篇15
○輟感甄䍃燔窯

【匋】

《說文》：匋，瓦器也。从缶，包省聲。古者昆吾作匋。案：《史篇》讀與缶同。

歷代印匋封泥

○匋攻乙

歷代印匋封泥

○匋攻迅

歷代印匋封泥

○右匋攻賦

歷代印匋封泥

○土匋差

歷代印匋封泥

○匋人攸

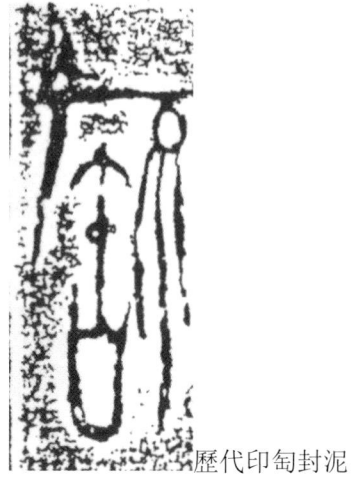

歷代印匋封泥

○右匋

歷代印匋封泥

○中匋里僕

歷代印匋封泥

○大匋里□

歷代印匋封泥

○大匋里犬

歷代印匋封泥

〇大匋里犬

秦代印風

〇匋冉

【罌】

《說文》：罌，缶也。從缶賏聲。

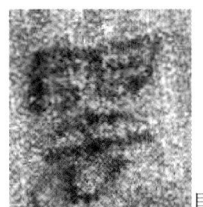

馬貳 112_62/62

〇煎白罌（嬰）丘（蚯）引（蚓）

關沮・蕭・遣冊 25

〇大瓦罌一雙

【㠙】

《說文》：㠙，小口罌也。從缶灷聲。

【䍃】

《說文》：䍃，小缶也。從缶音聲。

【缾】

《說文》：缾，甖也。從缶幷聲。

【瓶】

《說文》：瓶，缾或從瓦。

漢銘・孫氏家鑑

漢印文字徵

〇缾廣印

歷代印匋封泥

〇缾賈之印

北魏・僧暈造像

〇瓶

【甕（甕）】

《說文》：甕，汲缾也。從缶雝聲。

關·病方 341

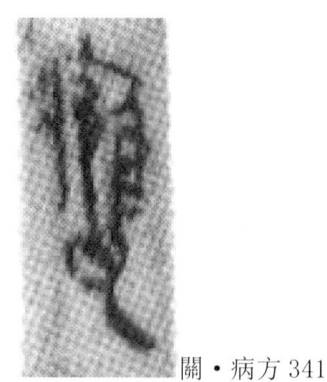

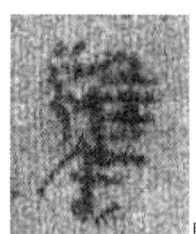

○左操杯鯖甕水

馬貳 141_21

○呻（吞）爵（雀）甕二

東漢·婁壽碑陽

○棬樞甕牖

北齊·報德像碑

○滔々甕壁

【䍃】

《説文》：䍃，下平缶也。从缶乏聲。讀若嗣。

【罃】

《説文》：罃，備火，長頸缾也。从缶，熒省聲。

【缸】

《説文》：缸，瓦也。从缶工聲。

【䘢】

《説文》：䘢，瓦器也。从缶或聲。

【罐】

《説文》：罐，瓦器也。从缶薦聲。

【䍃】

《説文》：䍃，瓦器也。从缶肉聲。

【罏】

《説文》：罏，瓦器也。从缶靁聲。

【缺】

《説文》：缺，缺也。从缶占聲。

【缺】

《説文》：缺，器破也。从缶，決省聲。

里·第八層 157

○郵人缺除士五

馬貳 212_2/103

○環下缺盆過醴津陵

2392

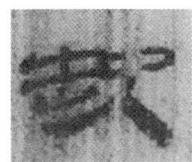

北貳・老子 23
○成如缺其用不敝大

敦煌簡 1992
○隧缺敬代適卒郭上

【𦉢】

《說文》：𦉢，裂也。从缶虖聲。缶燒善裂也。

【䃏】

《說文》：䃏，器中空也。从缶㱿聲。㱿，古文磬字。《詩》云："缾之䃏矣。"

北魏・薛法紹造像
○敢□䃏家財

【罄】

《說文》：罄，器中盡也。从缶殸聲。

金關 T24:362
○四百罄

【缿】

《說文》：缿，受錢器也。从缶后聲。古以瓦，今以竹。

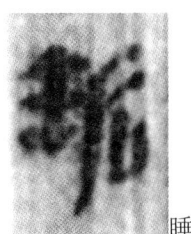

睡・秦律十八種 97
○其錢缿中令市者見

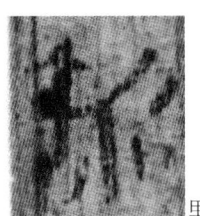

里・第八層 2488
○爲缿疑

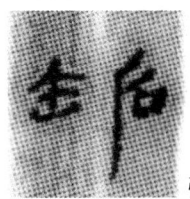

張・金布律 429
○皆爲缿封以令

【罐】

《說文》：罐，器也。从缶雚聲。

〖𦉥〗

馬壹 89_232
○箸之𦉥竽（盂）

〖㽜〗

廿世紀璽印二-GP
○公㽜

〖罇〗

北齊・赫連子悅誌

○行謀鐏俎

北齊・崔德誌

○常置盈鐏

矢部

【矢】

《説文》：𠂕，弓弩矢也。从入，象鏑栝羽之形。古者夷牟初作矢。凡矢之屬皆从矢。

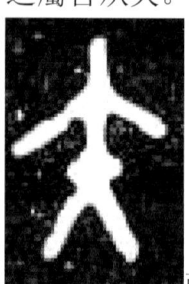

西晚・不其簋

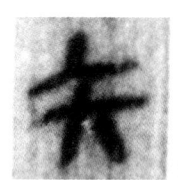

睡・封診式 26

關・病方 324

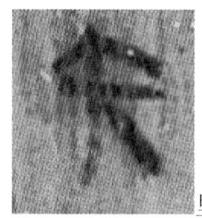

里・第八層 439

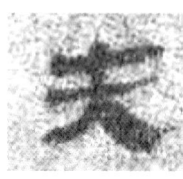

馬壹 12_79 下

馬壹 12_73 下

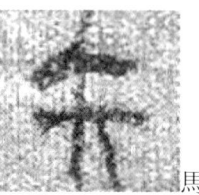

馬貳 68_10/10

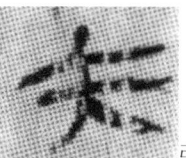

張・賊律 19

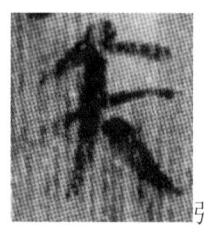

張・算數書 57

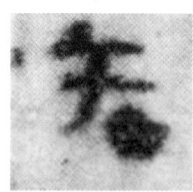

銀壹 365

敦煌簡 1982

金關 T01:082

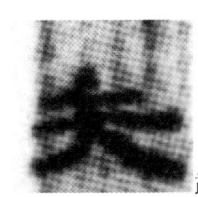

武·甲《泰射》41

東牌樓012

○弩委矢

漢印文字徵

○馬矢何

漢印文字徵

○馬矢恢印

漢印文字徵

○馬矢況

石鼓·鑾車

東漢·孔宙碑陽

○永矢不刊

三國魏·上尊號碑

○遂集矢石于其宮殿

西晉·臨辟雍碑

北魏·穆紹誌

○受言弓矢

北魏·檀賓誌

○接矢徐方

北魏·陶浚誌

北齊·徐顯秀誌

北齊·宇文誠誌

【躲】

《說文》：躲，弓弩發於身而中於遠也。从矢从身。

【射】

《説文》：射，篆文躲从寸。寸，法度也。亦手也。

漢銘・新無射律管

睡・秦律雜抄 34

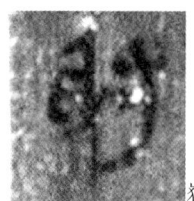

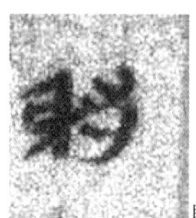

獄・質日 3464

獄・綰等案 243

馬壹 133_27 下\104 下

馬壹 7_36 上

馬貳 134_11/66

張・徭律 414

銀壹 405

敦煌簡 0829B

○射百六十步

敦煌簡 0062

○仲子射聲校尉

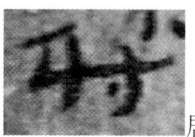

居・EPF22.291

○射皆毋所見檄

金關 T22:141

金關 T06:168

○見射

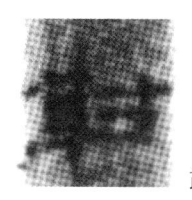

武·甲《燕禮》51

武·甲《泰射》50

廿世紀璽印二-SY
○咸里射

秦代印風
○射官

廿世紀璽印三-SY
○射襄之印

廿世紀璽印三-SY

漢印文字徵
○劉射之印

漢代官印選
○侍中僕射

漢代官印選
○尚書僕躲

漢印文字徵

漢印文字徵

○射塱

漢印文字徵

漢印文字徵

漢代官印選

○謁者僕射

漢晉南北朝印風

○左甲僕射

漢晉南北朝印風

○左積射五百人督印

漢晉南北朝印風

○李射

北齊・暴誕誌蓋

○齊故左僕射暴公墓銘

石鼓・田車

○秀弓寺射

西晉・臨辟雍碑

東晉・王丹虎誌

北魏・長孫忻誌

北魏・元孟輝誌

北魏・元靈曜誌

北魏・元纂誌

北魏・元弼誌

北魏・元珍誌

東魏・封延之誌蓋

○左僕射封公

北齊・封子繪誌蓋

北齊・赫連子悅誌蓋

北齊・徐顯秀誌

北齊・赫連子悅誌

北周・崔宣靖誌

○儀同僕射

【矯】

《說文》：矯，揉箭箝也。从矢喬聲。

睡・語書 2

漢印文字徵

○臣矯

漢印文字徵

○姚矯

漢印文字徵

○矯言疏

北魏・秦洪誌

○矯節陵霄

北魏・李端誌

北魏・唐雲誌

○曳裾躡矯

北魏・元謐誌

○爰初矯翮

北魏・郭顯誌

○亦矯旗旆

北魏・元暉誌

○鵠矯卯初

北魏・元維誌

北魏・王悅及妻郭氏誌

北魏・元寶月誌

○諒非矯飾

北魏・元懌誌

北齊·高湝誌

北齊·張海翼誌

北齊·張海翼誌

北齊·赫連子悅誌

【矰】

《說文》：矰，隹䠶矢也。从矢曾聲。

睡·日甲《土忌》139

獄·學為偽書案211

馬壹259_6下\22下

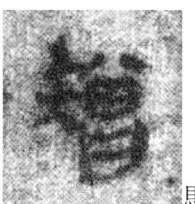

馬壹75_30

張·算數書166

銀壹278

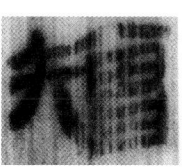

北壹·倉頡篇29

秦代印風
○王矰

漢印文字徵
○孟矰之印

西漢・李后墓塞石

○十辛巳佐崖工矰

【矦（侯）】

《說文》：矦，春饗所躲侯也。从人；从厂，象張布；矢在其下。天子躲熊虎豹，服猛也；諸侯躲熊豕虎；大夫射麋，麋，惑也；士射鹿豕，爲田除害也。其祝曰："毋若不寧侯，不朝于王所，故伉而躲汝也。"

【㑋】

《說文》：㑋，古文矦。

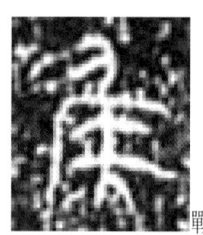

戰晚・左樂兩詔鈞權

戰晚・二十六年始皇詔書銅權

秦代・大騧銅權

秦代・始皇詔銅方升一

秦代・始皇詔銅橢量二

秦代・始皇詔銅橢量四

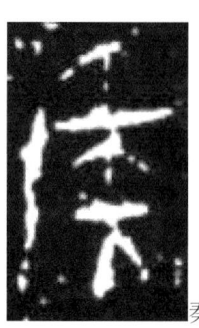

秦代・始皇詔銅權二

秦代・始皇詔銅權一

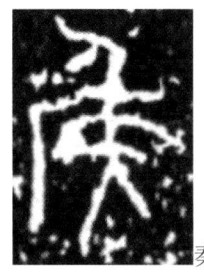

秦代·始皇十六斤銅權二

秦代·始皇十六斤銅權四

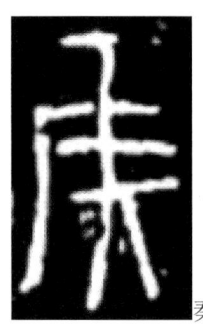

秦代·武城銅橢量

秦代·始皇詔銅權九

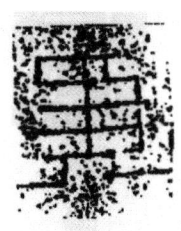

漢銘·宜侯王洗四

漢銘·漢安平陽侯洗

漢銘·富貴昌宜侯洗十二

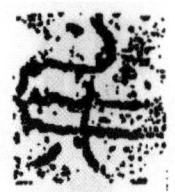

漢銘·富貴昌宜侯洗十

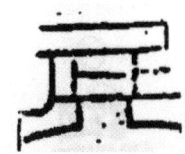

漢銘·富貴昌宜侯洗二

漢銘·富貴昌宜侯洗一

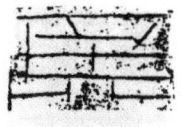

漢銘·富貴昌宜侯王洗五

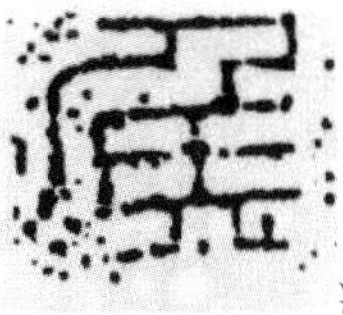

漢銘·蜀郡董氏洗

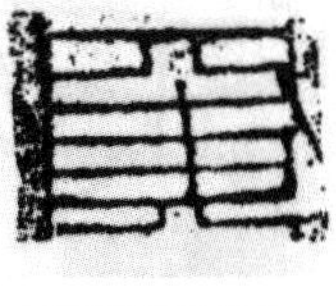

漢銘·富貴昌宜侯王傳子洗

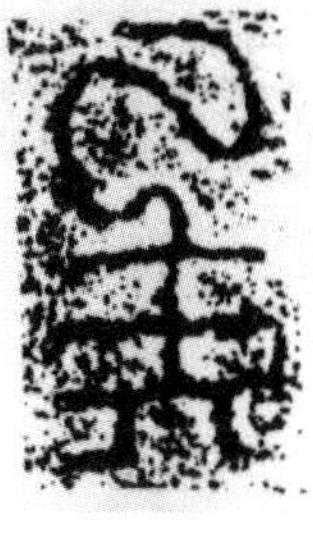

漢銘·大吉昌宜侯王洗

漢銘·富貴昌宜侯王洗十一

漢銘·禹氏洗

漢銘·富貴昌宜侯王洗八

漢銘·富貴昌宜侯王洗三

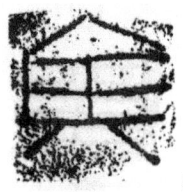

漢銘·富貴昌宜侯王洗四

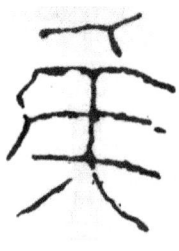

漢銘·侯勉壺

漢銘·侯家器

漢銘·扶侯鍾

漢銘·單安侯家盉蓋

漢銘·史侯家染梧

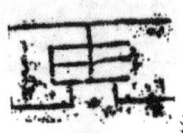

漢銘·富貴昌宜侯王洗九

漢銘·南皮侯家鍾

漢銘·陽平頃侯石鼎

漢銘·汝陰侯鼎

漢銘·範陽侯壺

獄·癸瑣案 24

里·第八層 67

馬壹 7_34 上

馬壹 85_134

馬壹 175_44 上

張·賊律 1

張·奏讞書 90

銀壹 920

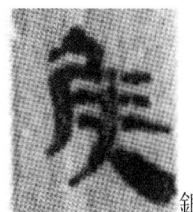

銀貳 1572

北貳·老子 220

敦煌簡 0084

○詡行侯事詡兄子

敦煌簡 0177

金關 T09:257

金關 T10:120A

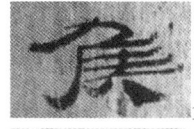

金關 T30:202

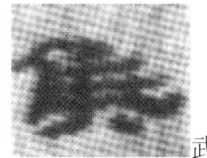

武·儀禮甲《服傳》20

武·甲《泰射》46

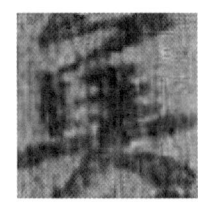

吳簡嘉禾・五・一五六
〇男子侯堆佃田

魏晉殘紙

秦代印風

秦代印風

秦代印風

秦代印風

漢晉南北朝印風

漢晉南北朝印風

漢晉南北朝印風

廿世紀璽印三-GY

廿世紀璽印三-GY

廿世紀璽印三-SY
〇審諸候印

漢晉南北朝印風
〇軑侯之印

廿世紀璽印三-SY

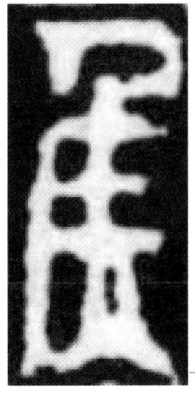

廿世紀璽印三-SY
〇侯勁

漢晉南北朝印風

廿世紀璽印三-GP

廿世紀璽印三-SY
〇夏侯何印

漢晉南北朝印風

漢印文字徵

漢印文字徵
〇侯廣

漢印文字徵
〇侯戍

漢印文字徵

○侯志

漢印文字徵

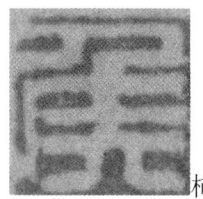

柿葉齋兩漢印萃

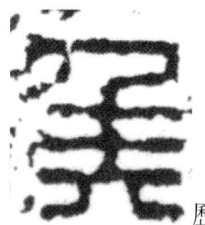

歷代印匋封泥

漢代官印選

漢印文字徵

○侯郢

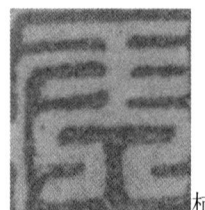

柿葉齋兩漢印萃

○關內侯印

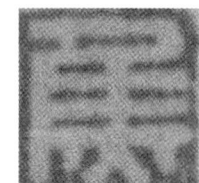

柿葉齋兩漢印萃

○侯成私印

歷代印匋封泥

歷代印匋封泥

漢代官印選

漢代官印選

漢代官印選

漢代官印選

廿世紀璽印四-GY

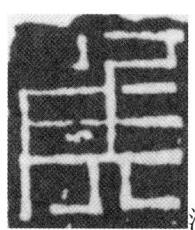

漢晉南北朝印風

漢晉南北朝印風

漢晉南北朝印風

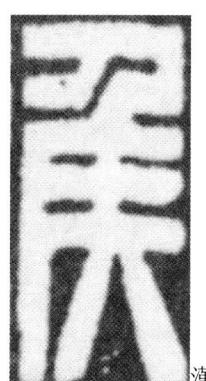

漢晉南北朝印風

漢晉南北朝印風

○侯敬

漢晉南北朝印風

○侯志

漢晉南北朝印風

○大利夏侯君孫

漢晉南北朝印風

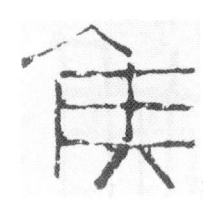

漢晉南北朝印風

○迺侯騎馬

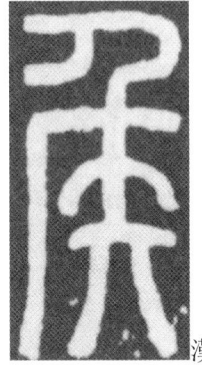

漢晉南北朝印風

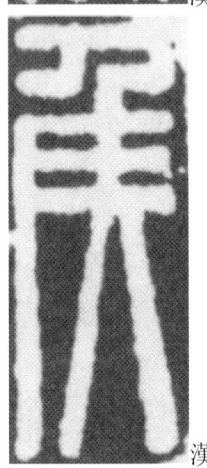

漢晉南北朝印風

漢晉南北朝印風

漢晉南北朝印風

○侯史譚印

漢晉南北朝印風

○侯遂都

漢晉南北朝印風

漢晉南北朝印風

漢晉南北朝印風

詛楚文・巫咸

新莽・萊子侯刻石

○萊子侯

東漢・張盛墓記
〇里亭侯沛國

東漢・營陵置社碑
〇諸侯立之爲國社

東漢・營陵置社碑
〇諸侯祀社稷

東漢・成陽靈臺碑

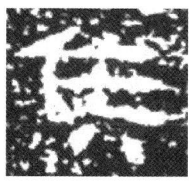

東漢・繆紆誌
〇君父關內侯

東漢・曹全碑陽

東漢・趙寬碑

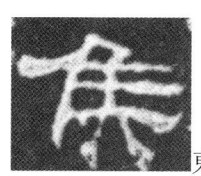

東漢・西岳華山廟碑陽

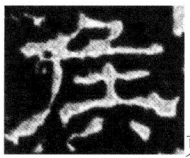

東漢・楊震碑

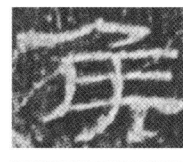

東漢・乙瑛碑

東漢・曹全碑陰

晉・劉韜誌

晉・趙府君闕
〇關內侯河內

三國魏・三體石經春秋・篆文

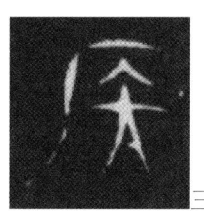

三國魏・三體石經春秋・古文
〇晉侯

三國魏・三體石經春秋・隸書

西晉·石尠誌

東晉·張鎮誌

北魏·解伯都等造像

○夏侯林宗

北魏·胡明相誌

○高平侯洪之孫

北魏·給事君妻韓氏誌

○廣陽靖侯道岷

北魏·元偃誌

○敏以敬謹曰順侯

北魏·元弘嬪侯氏誌

○封安平侯

北魏·元偃誌

北魏·鄯乾誌

○臨澤懷侯視

東魏·王偃誌

北齊·張海翼誌蓋

○齊故司馬莨安侯張君墓誌銘

北齊·高淯誌

○公侯之重

北齊·柴季蘭造像

○開國往城侯

【鍚】

《說文》：鍚，傷也。从矢易聲。

【短】

《説文》：短，有所長短，以矢爲正。从矢豆聲。

漢銘・光和斛一

漢銘・大司農權

睡・秦律十八種 98

○小大短長

睡・爲吏 15

獄・綰等案 243

○短兵死

馬壹 139_14 下/156 下

張・捕律 141

銀壹 410

北貳・老子 128

敦煌簡 1698

金關 T04:086

武・儀禮甲《士相見之禮》9

武・甲《特牲》51

○二骨短脅

東漢・韓仁銘

○不幸短命

北魏・元純陀誌

○晝短霄長

北魏・元悌誌

北魏·元過仁誌

北魏·宇文永妻誌

○憑鎸短韻

東魏·張玉憐誌

北齊·崔德誌

○居諸運短

北齊·靜明等造像

○短地遊

南朝齊·吕超誌

○脩短有業

【矤】

《說文》：矤，況也，詞也。從矢，引省聲。從矢，取詞之所之如矢也。

【知】

《說文》：知，詞也。從口從矢。

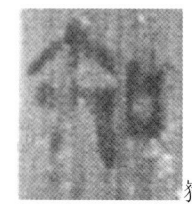

嶽·占夢書 36

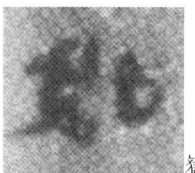

嶽·數 162

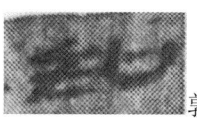

敦煌簡 1365

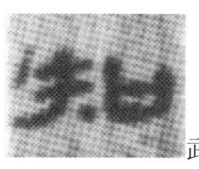

武·儀禮甲《服傳》20

吳簡嘉禾·四·三四三

魏晉殘紙

魏晉殘紙

魏晉殘紙

廿世紀璽印三-SY
○趙知君印

歷代印匋封泥
○五知

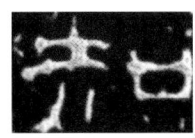

東漢·楊震碑
○窮神知變

東漢·朝侯小子殘碑

東漢·成陽靈臺碑

東漢·伯興妻殘碑
○年徂（退）知命

東漢·西狹頌

東漢·熹平石經殘石四

東漢·石門頌
○嘉君明知

東漢·石門頌
○知世紀綱

西晉·郭槐柩記
○聰識知機

西晉·成晃碑
○遠近知識者

北魏·馮邕妻元氏誌

北魏·馮會誌

北魏·李林誌

北齊·赫連子悅誌
○知機其神

北齊·無量義經二
○戒定慧解知見聚

北齊·狄湛誌

北齊·感孝頌
○何以知后乎

北周·豆盧恩碑

【矣】

《説文》：帋，語已詞也。从矢以聲。

睡·語書 3

獄·尸等捕盜疑贖案 42
○讞固有審矣

里·第八層 594
○久矣

馬壹 108_128\297

馬壹 15_5 上\98 上

張·奏讞書 134

銀壹 171

北貳·老子 26

敦煌簡 1448

敦煌簡 0235

○謹奉告矣

金關 T31:141

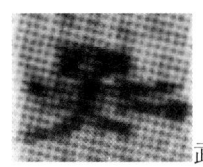

武·儀禮甲《士相見之禮》5

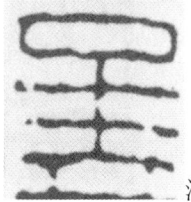

漢晉南北朝印風

○大利蘇長矣

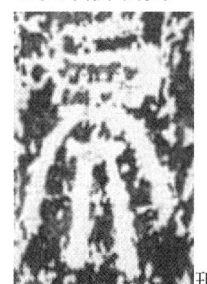

琅琊刻石

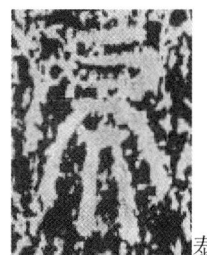

泰山刻石

琅琊刻石

東漢·夏承碑

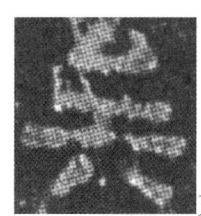

東漢·楊統碑陽

東漢·武氏石室祥瑞圖題字

東漢·成陽靈臺碑

東漢·朝侯小子殘碑

東漢·景君碑

東漢·景君碑

東漢·景君碑

東漢·景君碑

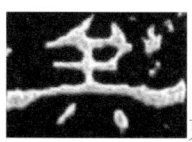

東漢·楊震碑

西晉·臨辟雍碑

十六國北涼·沮渠安周造像

○遐矣哲王

北魏·元詮誌

○迅矣晨烏

北魏·元潛嬪耿氏誌

北魏·元靈曜誌

○邈矣鴻源

北魏·元理誌

北齊·高百年誌

北齊·高建妻王氏誌

○邈矣天長

【矮】

《說文》：矮，短人也。从矢委聲。

〖矩〗

東漢·桐柏淮源廟碑

○與河合矩

東漢・許安國墓祠題記
○規矩施張

三國魏・王基斷碑
○將矩奉冊

北魏・和醜仁誌
○動合規矩

北魏・元繼誌

北魏・薛慧命誌
○有矩有規

北魏・元融誌
○有矩有規

北魏・尹祥誌
○規矩外昶

北魏・元懿誌
○能矩能規

東魏・馮令華誌

東魏・元玕誌
○不逾規矩

北齊・天柱山銘
○禮義以成規矩

北齊・感孝頌
○根矩定於一丸

北齊・韓裔誌
○動中規矩

北齊・張起誌
○万方規矩

【矧】

北魏・王誦誌

2419

北魏・于纂誌

北齊・斛律氏誌

〖𥎊〗

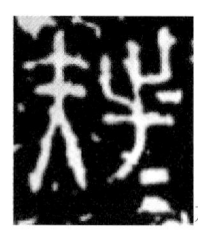

石鼓・鑾車

○射之𥎊=

〖婧〗

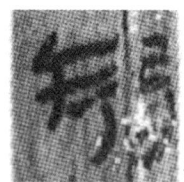

銀貳 2117

○胸中婧（精）神

〖𢹎〗

北魏・李超誌

○高𢹎明規

高部

【高】

《説文》：高，崇也。象臺觀高之形。从冂、口。與倉、舍同意。凡高之屬皆从高。

【亯】

《説文》：亯，小堂也。从高省，冋聲。

【廎】

《説文》：廎，高或从广頃聲。

東漢・譙敏碑

○屋棟廎覆

東漢・樊敏碑

○能無撓傾廎

東漢・石門頌

○廎（傾）寫翰淵

【亭】

《説文》：亭，民所安定也。亭有樓，从高省，丁聲。

秦代・咸陽亭半兩銅權

睡・封診式 60

獄・為吏 21

獄・數 187

獄・芮盜案 66

里・第八層 38

馬壹 96_28

張・賊律 1

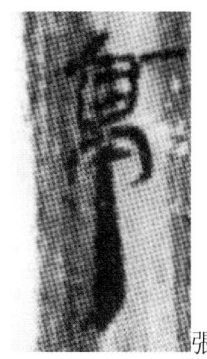

張・奏讞書 100

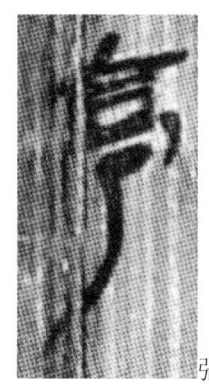

張・算數書 149

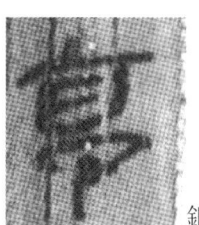

銀貳 1769

敦煌簡 0239A

金關 T22:033

金關 T09:084

金關 T29:126B

東牌樓 003 背

北壹·倉頡篇 55
○圂廬廡亭庇陛

廿世紀璽印二-GP
○貴其亭鉢

歷代印匋封泥
○華門陳棱參三左里敀亭豆

廿世紀璽印二-GP

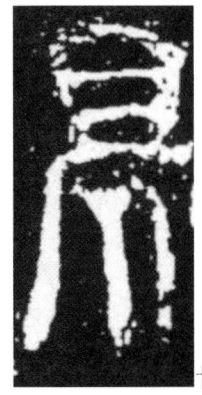

廿世紀璽印二-GP

歷代印匋封泥
○亭昃

歷代印匋封泥
○闆陳□參立事左里敀亭區

歷代印匋封泥
○闆陳齋三立事左里敀亭豆

第五卷

秦代印風

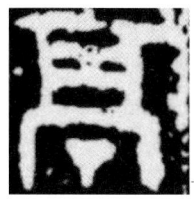

廿世紀璽印三-SP

○咸亭當柳害器

廿世紀璽印三-GP

○亭久

廿世紀璽印三-GP

○美亭

秦代印風

○市亭

秦代印風

歷代印匋封泥

歷代印匋封泥

歷代印匋封泥

歷代印匋封泥

歷代印匋封泥

○美亭

歷代印匋封泥

○美亭

2423

第五卷

○木亭

漢晉南北朝印風

漢晉南北朝印風

漢晉南北朝印風

漢晉南北朝印風

○亭南單印

廿世紀璽印三-GY

漢晉南北朝印風

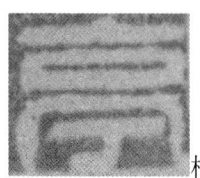

柿葉齋兩漢印萃

○都亭侯印

柿葉齋兩漢印萃

漢印文字徵

漢印文字徵

漢印文字徵

漢印文字徵

漢印文字徵

漢印文字徵

2424

漢印文字徵

漢印文字徵

廿世紀璽印四-GY

漢晉南北朝印風

漢晉南北朝印風

漢晉南北朝印風

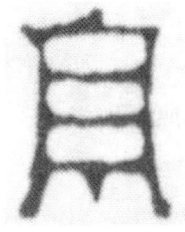

漢晉南北朝印風

○亭次天印

廿世紀璽印四-GY

東漢・史晨後碑

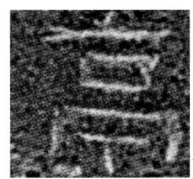

東漢・公乘田魴畫像石墓題記

東漢・張盛墓記

○里亭侯沛國

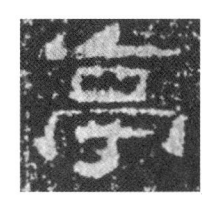

東漢・元嘉元年畫像石題記一

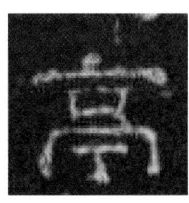

三國魏・上尊號碑

西晉・臨辟雍碑

東晉・王丹虎誌

東晉・劉媚子誌

北魏・元譓誌

北魏・元崇業誌

北魏・元晫誌

北魏・李彰誌

○人亭大道北

【亳】

《說文》：亳，京兆杜陵亭也。从高省，乇聲。

廿世紀璽印二-GP

○亳

廿世紀璽印二-GP

○亳

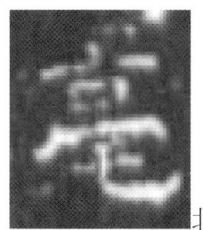

北齊・宋靈媛誌

○湯申景亳之會

〖亭〗

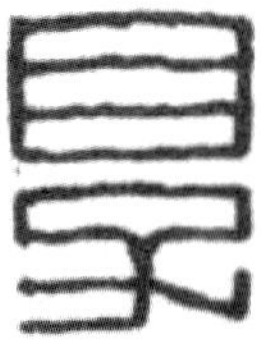

漢印文字徵

○亭柱私印

漢印文字徵

○亭壽

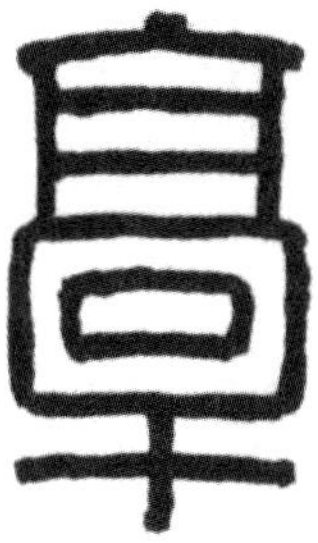

漢印文字徵

○覃朱

冂部

【冂】

《説文》：冂，邑外謂之郊，郊外謂之野，野外謂之林，林外謂之冂。象遠界也。凡冂之屬皆从冂。

【坰】

《説文》：坰，冋或从土（當作土）。

【冋】

《説文》：冋，古文冂从口，象國邑。

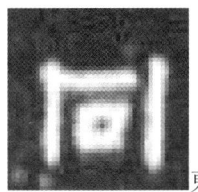

東魏・公孫略誌

○寒草衰冋（坰）

【市】

《説文》：市，買賣所之也。市有垣，从冂从之，之，古文及，象物相及也。之省聲。

戰晚・宜陽戈

漢銘・市北匕

漢銘・洛陽市平器

漢銘・市平斗

漢銘・中山内府銅鋗一

漢銘・中山内府鈁一

漢銘・南陵鍾

睡・秦律十八種 65

睡・法律答問 172

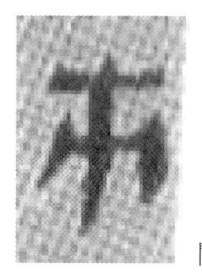

里・第八層 2117

關・日書 208

里・第八層 454

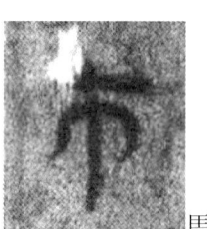

獄・數 202

馬壹 76_46

獄・田與市和奸案 201

馬壹 89_227

獄・識劫案 109

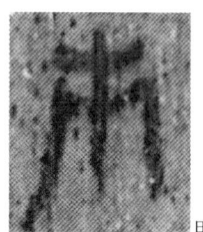

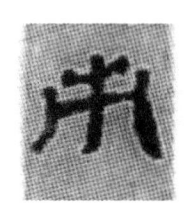

張・具律 88

銀壹 880

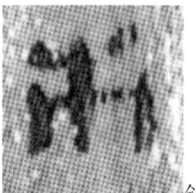

里・第六層 14

銀貳 1896

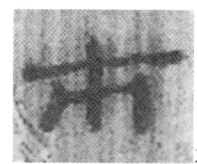

北貳・老子68

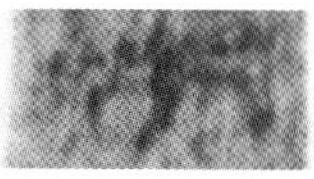

敦煌簡0268

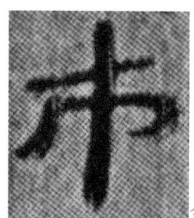

金關T05:023A

武・王杖5

北壹・倉頡篇48
○易買販市旅賈

廿世紀璽印二-GP
○市

歷代印匋封泥
○曹市

歷代印匋封泥
○都市

廿世紀璽印二-GP
○市

廿世紀璽印二-GP
○安陸市亭

秦代印風
○市器

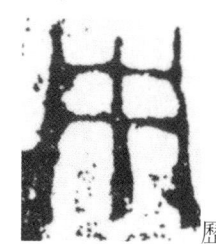

歷代印匋封泥
○襄陰市

歷代印匋封泥
○東武市

歷代印匋封泥
○代市

第五卷

秦代印風
○軍市

秦代印風
○寺從市府

秦代印風
○公孫市

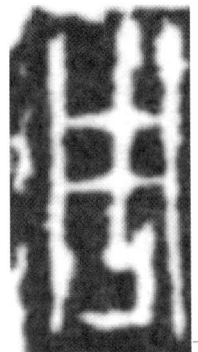

廿世紀璽印三-SY
○姚市

廿世紀璽印三-GP
○東武市

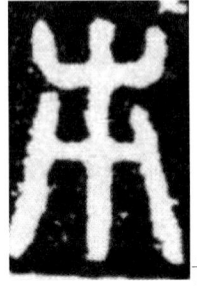

廿世紀璽印三-GP

秦代印風
○殷市

廿世紀璽印三-GP
○臨菑市丞

漢晉南北朝印風
○市府

漢晉南北朝印風
○軍市之印

漢晉南北朝印風
○長安市長

漢印文字徵

2430

漢印文字徵

漢印文字徵
○長安市長

漢代官印選
○車騎將軍軍市令

歷代印匋封泥
○常安東市令

歷代印匋封泥
○市府

歷代印匋封泥
○右市

漢印文字徵

漢晉南北朝印風

漢晉南北朝印風

東漢・曹全碑陰
○故市掾成播曼舉

東漢・張遷碑陽
○燒平城市

北魏・元懷誌
○市朝或侵

北魏・王誦妻元妃誌
〇朝市之侵逼

北魏・趙光誌
〇市朝或改

【㝎】

《說文》：㝎，淫淫，行兒。从人出冂。

漢印文字徵
〇㝎利世之印

【央】

《說文》：央，中央也。从大在冂之內。大，人也。央旁同意。一曰久也。

漢銘・內者未央尚臥熏鑪

漢銘・尚浴府行燭盤

漢銘・除兇去央鈴範

漢銘・禺氏洗

漢銘・樂未央壺

漢銘・長年未央鉤

漢銘・長樂未央泉範

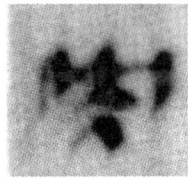

睡・日甲《行》129

睡・日甲 92

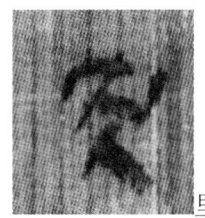

里·第八層 1576

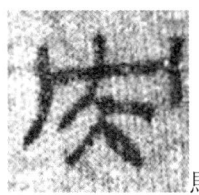

馬壹 244_1 上\2 上

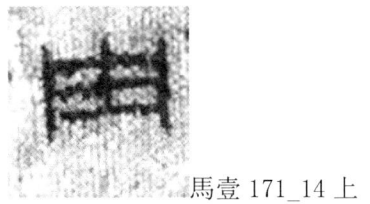

馬壹 171_14 上

○駕（加）之央（殃）

馬壹 38_4 上\28 上

張·秩律 449

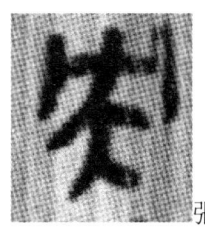

張·蓋盧 19

銀壹 678

銀貳 1863

北貳·老子 172

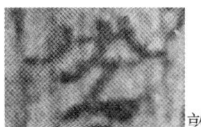

敦煌簡 0838A

○王未央

金關 T22:056

○李未央年卌七

金關 T23:019A

○人未央也

金關 T08:016

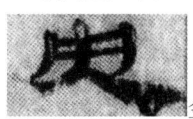

○未央里王間

金關 T30:189

秦代印風

○僕央

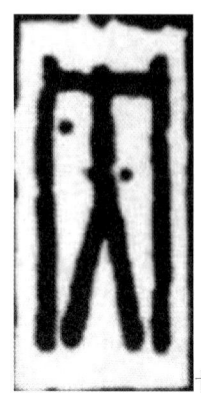

○廿世紀璽印三-SP

○司馬央

漢晉南北朝印風

○未央殿丞

廿世紀璽印三-SY

○龍未央印

廿世紀璽印三-SY

○龍未央

廿世紀璽印三-SP

○富貴昌樂未央

漢代官印選

○未央衛尉

漢代官印選

○未央廄令

柿葉齋兩漢印萃

○長樂未央

柿葉齋兩漢印萃

○王未央印

漢印文字徵

○樂未央

漢印文字徵

○上官未央

漢印文字徵

○隽未央印

○未央　漢印文字徵

○敢央　漢印文字徵

○鄭印未央　漢印文字徵

○馮未央　漢印文字徵

○未央廄丞　漢印文字徵

○路未央印　漢晉南北朝印風

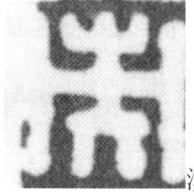

○王未央　漢晉南北朝印風

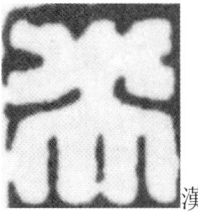

○郝未央印　漢晉南北朝印風

○朱未央印　漢晉南北朝印風

○王未央印　漢晉南北朝印風

○馮未央印　漢晉南北朝印風

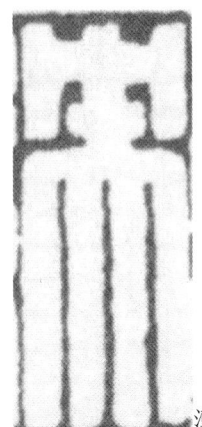

漢晉南北朝印風

○央子路

東漢·任城王墓黃腸石

○魯武央武

東漢·元嘉元年畫像石題記一

北魏·元倪誌

北魏·李媛華誌

○哀結未央

北魏·郭顯誌

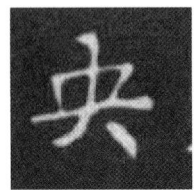

北魏·元朗誌

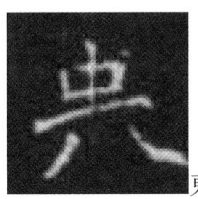

東魏·王僧誌

○曉夜未央

北齊·張忻誌

○會面何央

【雀】

《說文》：雀，高至也。從隹上欲出冂。《易》曰："夫乾雀然。"

亶部

【亶】

《說文》：亶，度也，民所度居也。從回，象城亶之重，兩亭相對也。或但從口。凡亶之屬皆從亶。

石鼓·吳人

○曾受其亶

【歖】

《説文》：𣂑，缺也。古者城闕其南方謂之𣂑。从𠅂，缺省。讀若拔物爲決引也。

京部

【京】

《説文》：京，人所爲絕高丘也。从高省，｜象高形。凡京之屬皆从京。

漢銘·大僕鐖

漢銘·建初五年鐖

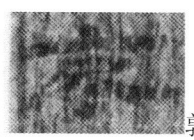

獄·尸等案 38

敦煌簡 0217

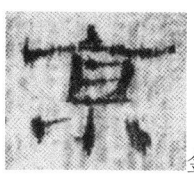

金關 T30:137

北壹·倉頡篇 62

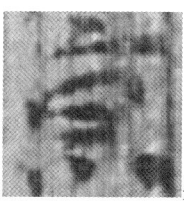

○壘部墜京

吳簡嘉禾·五·五〇三

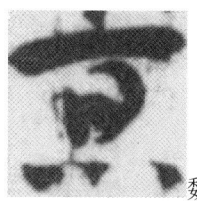

魏晉殘紙

廿世紀璽印二-GP

○京昃

歷代印匋封泥

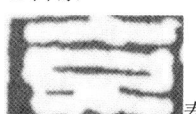

○降京

秦代印風

○郭京閭

漢印文字徵

○京當

漢印文字徵

○京寬

漢印文字徵

○京頃

漢印文字徵

○京州韓聶

柿葉齋兩漢印萃

漢代官印選

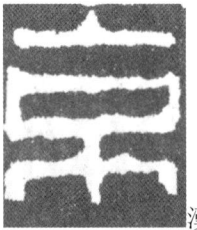

漢代官印選

漢印文字徵

○京兆尹史石揚

東漢・譙敏碑

東漢・楊震碑

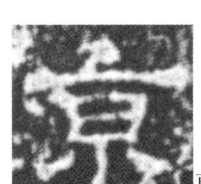

東漢・西岳華山廟碑陽

東漢・白石神君碑

三國魏・曹真殘碑

三國魏・三體石經春秋・篆文
○歸之于京師

三國魏・三體石經春秋・隸書

三國魏・曹真殘碑
○州民中郎京兆郭□□□□

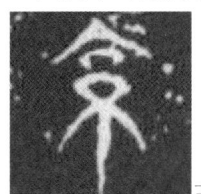

三國魏・三體石經春秋・古文
○衛侯歸之于京師

西晉・華芳誌

西晉・臨辟雍碑

北魏・元澄妃誌

北魏・鄭黑誌

北魏・爾朱襲誌

北魏・元彝誌

北魏・元引誌

北魏・元弘嬪侯氏誌

北魏・元榮宗誌

北魏・元榮宗誌

北魏・韓顯宗誌

北魏・元鑒誌

東魏・趙秋唐吳造像

〇社民大醫校尉京兆劉

北齊・赫連子悅誌

【就】

《說文》：就，高也。从京从尤。尤，異於凡也。

【就】

《說文》：就，籀文就。

漢銘・元壽二年鐙

睡・秦律十八種 48

睡・效律 49

里・第八層 2256

里・第八層背 137

〇就手

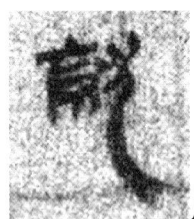

馬壹 16_15 下\108 下

馬壹 176_50 下

馬壹 84_118

張·奏讞書 83

○欲前就武

張·蓋盧 29

銀貳 2115

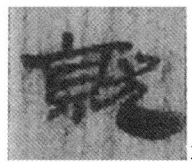

北貳·老子 159

敦煌簡 0555

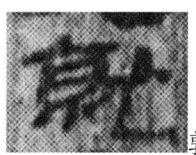

敦煌簡 0283

金關 T23:345

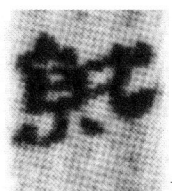

武·甲《少牢》15

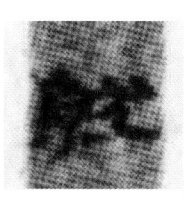

武·甲《泰射》35

東牌樓 037 正

○何就污縣

廿世紀璽印三-SY

漢印文字徵

○日就富貴

漢印文字徵

漢印文字徵

漢印文字徵

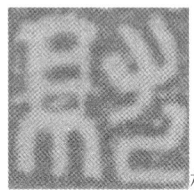

柿葉齋兩漢印萃

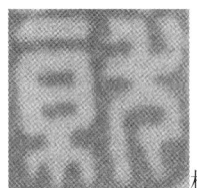

柿葉齋兩漢印萃

漢印文字徵

漢印文字徵

漢印文字徵

漢晉南北朝印風

○薛就私印

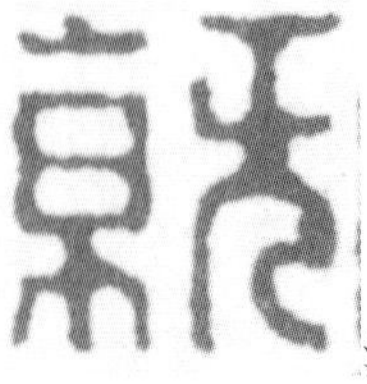

漢晉南北朝印風
○楊就印信

東漢・曹全碑陰

東漢・夏承碑

東漢・西狹頌

西晉・石定誌

北魏・劇市誌
○蜀泰昌子就其殯

北魏・解伯都等造像
○福必就六趣

北魏・元詳造像
○因就造齋

北魏·陶浚誌

北魏·元顯俊誌

○日就月將

北魏·王普賢誌

北魏·劉華仁誌

北魏·元茂誌

○痛同懷之去就

北魏·師僧達等造像

○比丘道就

北魏·元暐誌

○卻就長安

北魏·元瞻誌

北魏·元文誌

北魏·韓顯祖造像

○夫釋迦就道

北魏·卅一人造像

○功就成訖

北魏·盧令媛誌

北齊·王憐妻趙氏誌

○甫就口食

㐭部

【㐭（享）】

《說文》：㐭，獻也。从高省，曰象進孰物形。《孝經》曰："祭則鬼㐭之。"凡㐭之屬皆从㐭。

【亨】

《說文》：亯，篆文亯。

春晚·秦公鎛

春早·秦子簋蓋

西晚·不其簋

漢銘·新銅丈

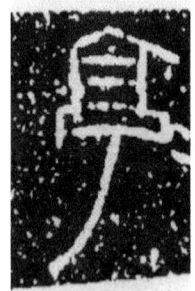

漢銘·新嘉量二

漢銘·新衡杆

漢銘·新嘉量一

睡·秦律十八種 5

睡·日甲《詰》37

睡·日甲《詰》33

里·第八層 1907

馬壹 3_1 上

馬壹 43_42 上
馬壹 43_39 上 
馬貳 211_97 
張·賜律 289 
金關 T30:134 
武·甲《燕禮》48 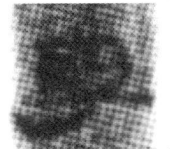
馬壹 5_26 上 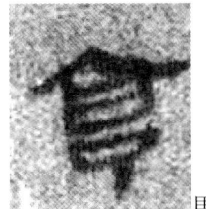

馬壹 4_11 下
馬貳 81_254/241 
北貳·老子 63 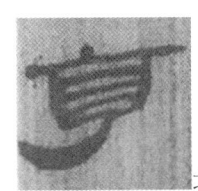
武·甲《特牲》10 
秦代印風 

○言□

秦代印風

秦代印風

秦代印風

秦代印風

秦代印風

漢印文字徵

漢晉南北朝印風

○享柱私印

東漢·張遷碑陽

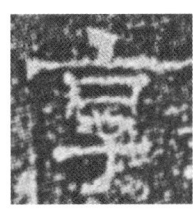

東漢・史晨後碑
東漢・熹平石經殘石五 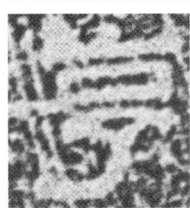
○享王假之
東漢・張遷碑陽 
東漢・成陽靈臺碑 
三國魏・何晏磚誌 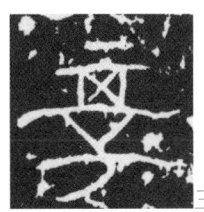
○金鑾受享兮
西晉・張朗誌 
○宜享永祠
西晉・臨辟雍碑 

北魏・劉氏誌
北魏・元順誌 
北魏・王悅及妻郭氏誌 
○享茲榮寵
北魏・元彝誌 
北魏・李媛華誌 
北魏・元弘嬪侯氏誌 
北魏・辛穆誌

○王猷剋享

北齊・狄湛誌

北周・華岳廟碑

東漢・譙敏碑

○當亨南山

東漢・景君碑

○當亨（烹）苻艾

東漢・營陵置社碑

○或剝或亨（烹）

西晉・臨辟雍碑

○然夫品物咸亨

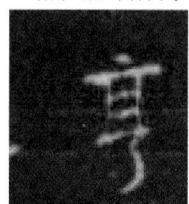

北魏・元乂誌

北魏・楊無醜誌

○享是脩年

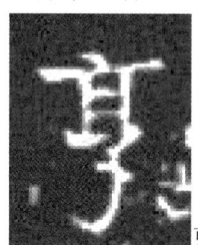

東魏・閭叱地連誌

○方享遐期

東魏・閭叱地連誌

○方享遐期

東魏・王僧誌

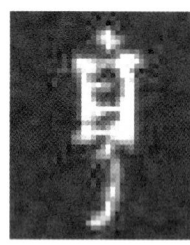

○享玆遐壽

西魏・趙超宗妻誌

○實享大名

南朝宋・爨龍顏碑

○享年六十一

【䇞】

《說文》：䇞，孰也。从𦘒从羊。讀若純。一曰鬻也。

【䇞】

《說文》：䇞，篆文䇞。

西晚·不其簋

【竺】

《說文》：竺，厚也。从二竹聲。讀若篤。

【䆴】

《說文》：䆴，用也。从𦘒从自。自知臭香所食也。讀若庸。

𦉪部

【𦉪】

《說文》：𦉪，厚也。从反亯。凡𦉪之屬皆从𦉪。

【覃】

《說文》：覃，長味也。从𦉪，鹹省聲。《詩》曰："實覃實吁。"

【𢍱】

《說文》：𢍱，古文覃。

【𪏽】

《說文》：𪏽，篆文覃省。

【厚】

《說文》：厚，山陵之厚也。从𦉪从厂。

【㫗】

《說文》：㫗，古文厚从后土。

漢銘·上廣車飾

嶽·數180

○上下厚而半之以表

馬壹5_28上

○如求閩（婚）厚（媾）

馬壹 98_83
○生之厚也

馬貳 38_69 上
○厚其垣

張・算數書 143
○下厚四尺上厚二

銀壹 160

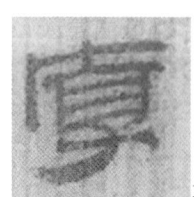

北貳・老子 21

敦煌簡 0244A
○甚厚

金關 T01:041
○廣尺厚五寸

金關 T07:013A
○甚深厚

金關 T23:405
○厚嗇夫賞復訊護辭

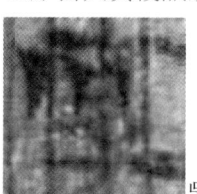

吳簡嘉禾・五・三九〇
○黄厚佃田

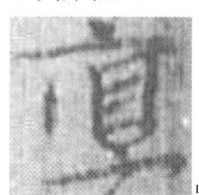

吳簡嘉禾・五・七五一
○鄧厚佃田

魏晉殘紙
○惠魚深厚

漢晉南北朝印風
○厚丘長印

歷代印匋封泥
○厚陸任之印

漢印文字徵
○厚翁叔印

漢印文字徵
○厚光

漢印文字徵
○厚丘長印

漢印文字徵
○厚睦任之印

西漢・李后墓塞石
○厚十寸廣三尺五寸

東漢・禮器碑側
○東郡武陽董元厚二百

東漢・史晨前碑
○臣蒙厚恩

東漢・西狹頌
○膺祿美厚

西晉・臨辟雍碑

西晉・成晃碑
○君德行純厚

2451

北魏·元侔誌
○寬柔恩厚

北魏·鄭黑誌
○順樂厚鄉里人也

北魏·元曄誌
○振振厚仁

北魏·元恪嬪李氏誌
○若夫體坤元之厚德

北魏·鮮于仲兒誌
○地厚無祇

北魏·慈慶誌
○哀數加厚

北魏·李榘蘭誌
○流愛特厚

北魏·元新成妃李氏誌
○仁厚之感

北魏·溫泉頌
○祿厚封君之室

北魏·穆循誌
○弗敢加厚

北魏·元龍誌
○長悲夜厚

北魏·元弼誌

○地厚天長

北魏·緱靜誌

○位厚彌恭

東魏·杜文雅造像

○中孝仁厚

東魏·張玉憐誌

○降恩厚澤

東魏·元顯誌

○時談歸厚

東魏·馮令華誌

○祿亦彌厚

東魏·蕭正表誌

東魏·元季聰誌

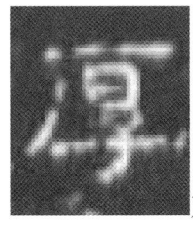

東魏·司馬興龍誌

○天然信厚

西魏·鄧子詢誌

○大厚茂於早歲

北齊·朱曇思等造塔記

○敢發廣厚之願

北齊·柴季蘭造像

○厚地俱淪

北齊·爾朱元靜誌

○天高地厚

北齊·傅華誌

北齊·魏懿誌

○高厚盈々

北齊·張潔誌

○父厚

北齊·徐顯秀誌

○厚相招結

北齊·李難勝誌

○厚載之尊

北齊·崔頠誌

○宜從厚袟

北齊·崔昂誌

○推薄居厚

北齊·韓山剛造像

○氣和六厚

北齊·高湝誌

○且居前拜之厚

北齊·宋敬業造塔

○何以逢除厚彰

北齊·司馬遵業誌

北齊·盧脩娥誌

○慈嚴俱厚

北周·華岳廟碑

畐部

【畐】

《說文》：畐，滿也。从高省，象高厚之形。凡畐之屬皆从畐。讀若伏。

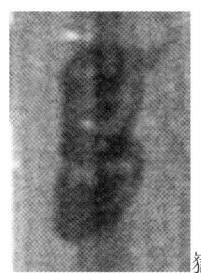

獄·為吏 62
〇傳禍與畐（福）

馬貳 124_70
〇便（蝙）畐（蝠）矢

秦文字編 847

【良】

《說文》：良，善也。从畐省，亡聲。

【目】

《說文》：目，古文良。

【㠯】

《說文》：㠯，亦古文良。

【𥃩】

《說文》：𥃩，亦古文良。

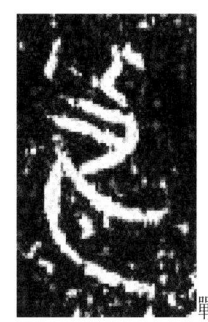

戰中·大良造鞅鐓

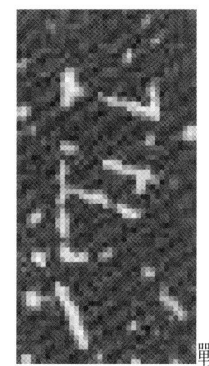

戰晚·十九年大良造鞅鐓

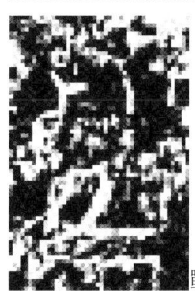

戰中·商鞅量

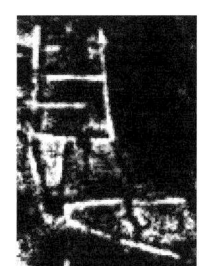

戰晚·大良造鞅戟

春中·仲滋鼎

漢銘·五鳳熨斗

睡·日甲《秦除》14

嶽·善等案 209

里·第八層 1123

里·第八層背 1515

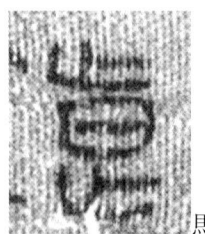

馬壹 258_15 上
○□良女英□

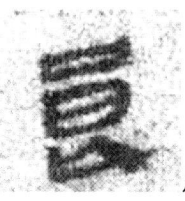

馬壹 8_37 下

馬貳 74_126/126

張·置吏律 221

銀貳 1603

敦煌簡 1997

敦煌簡 2108

金關 T23:287A

金關 T10:343B

金關 T23:811A

○吳良叩頭

廿世紀璽印三-SY

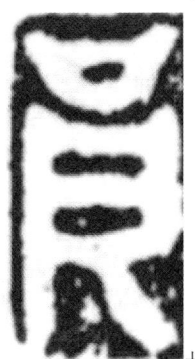

廿世紀璽印三-SY

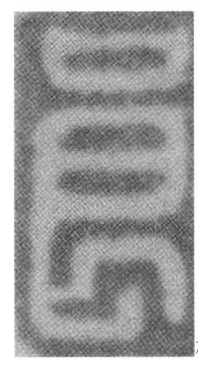

柿葉齋兩漢印萃

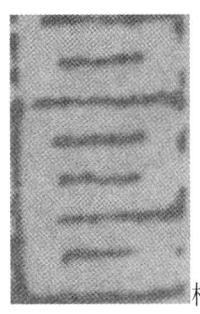

柿葉齋兩漢印萃

漢印文字徵

○騣良印

漢印文字徵

○衛良

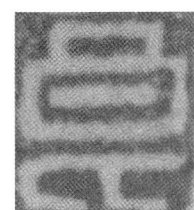

柿葉齋兩漢印萃

柿葉齋兩漢印萃

漢晉南北朝印風

柿葉齋兩漢印萃

漢晉南北朝印風

柿葉齋兩漢印萃

漢晉南北朝印風

廿世紀璽印四-SY

東漢・圉令趙君碑

廿世紀璽印四-SY

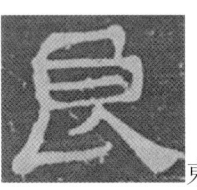

東漢・夏承碑

西晉・徐義誌

西晉・張朗誌

北魏·元弼誌

北魏·元始和誌

○誕育英良

北魏·趙光誌

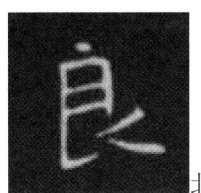

北魏·薛伯徽誌

㐭部

【㐭】

《說文》：㐭，穀所振入。宗廟粢盛，倉黃㐭而取之，故謂之㐭。从入，回象屋形，中有戶牖。凡㐭之屬皆从㐭。

【廩】

《說文》：廩，㐭或从广从禾。

戰晚·廩丘戈

馬壹 131_16 下\93 下

○不發浸廩是爲癰疽

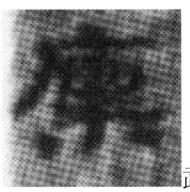

武·甲《少牢》7

○北上廩人溉摡

北壹·倉頡篇 55

○困窖廩倉

歷代印匋封泥

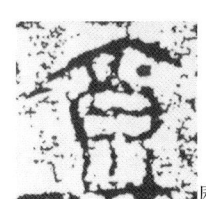

歷代印匋封泥

漢印文字徵

○廩犧令印

漢印文字徵

○梁廩私印

漢印文字徵

○廩丘長印

漢印文字徵

北魏・元詮誌

○王乃開公廩

【稟】

《說文》：稟，賜穀也。从㐭从禾。

戰晚・寺工師初壺

睡・秦律十八種 11

睡・法律答問 153

○有稟叔（菽）麥

里・第八層 56

張・傅律 354

敦煌簡 0331

○稟府

敦煌簡 1985

○狗當稟者

敦煌簡 0545

金關 T03:074
○稟臨田隧長

金關 T21:137

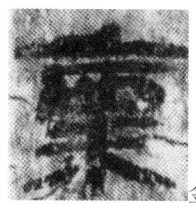

金關 T24:593

金關 T31:033

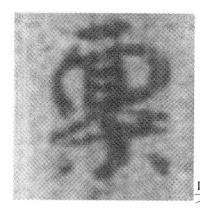

吳簡嘉禾·一六四八

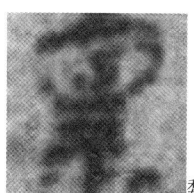

魏晉殘紙

漢晉南北朝印風

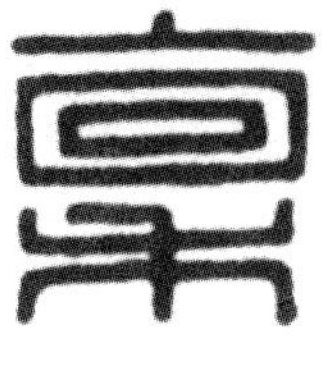

漢印文字徵

東漢·許安國墓祠題記

東漢·景君碑
○皇靈稟氣

十六國北涼·沮渠安周造像
○二邊稟正

北魏·元廣誌
○稟韶端之逸氣

北魏·元彬誌
○惟君稟徽天戚

北魏·元簡誌
○惟王稟旻融度

北魏·元弘嬪侯氏誌

○誕稟婌靈

北魏·石婉誌

○稟氣妍華

北魏·司馬紹誌

○君夙稟明規

北魏·王普賢誌

○稟婉嫕之英姿

北魏·元平誌

○君幼稟貞凝

北魏·元演誌

○稟性機明

北魏·吐谷渾璣誌

○君稟沖虛於凝緒

北魏·王昌誌

○君稟日月之輝

北魏·吳光誌

○性稟天調

北魏·馮季華誌

○妃幼稟奇姿

北魏·元繼誌

北魏·元宥誌
○稟質瑰奇

北魏·元信誌

北魏·王基誌
○幼稟沖靈之氣

北魏·元恪嬪李氏誌
○稟南離之淳精

北魏·馮會誌
○太妃稟河月之精

北魏·慈慶誌
○稟氣淑真

北魏·元仙誌
○君稟三珠之睿氣

北魏·王遺女誌
○女質稟婦人

北魏·劉華仁誌
○賜宮典稟大監

北魏·寇演誌
○君稟資靈於天秀

北魏·寇憑誌
○稟氣于峻岳

北魏・楊無醜誌

○稟靈賢惠

北魏・元乂誌

東魏・元寶建誌

北齊・石信誌

北齊・斛律氏誌

【亶】

《說文》：亶，多穀也。从㐭旦聲。

獄・為吏 14

○笠不亶

馬壹 3_4 上

張・史律 482

○毋敢亶（擅）史

銀壹 621

○不能亶（殫）其教

金關 T24:247B

○復參斬亶

東漢・樊敏碑

2464

○天顧亶甫

北魏·慈慶誌

○屯亶（邅）世故

北齊·石信誌

○亶甫致岐山之徵

【咼】

《説文》：咼，𠮦也。从口、冎。冎，受也。

【𠱛】

《説文》：𠱛，古文咼如此。

北魏·孫標誌

○感啚（圖）聖朝

北魏·寇憑誌

○寄泉壤以啚（圖）記

北魏·元暐誌

○君忠啚（圖）令德

北魏·元壽安誌

○啚（圖）城謀叛者

北魏·胡明相誌

○豈啚（圖）八眉之門不樹

北魏·塔基石函銘刻

○造此五級佛啚（圖）

北魏·塔基石函銘刻

○建兹啚（圖）寺

北魏·給事君妻韓氏誌

○石而啚（圖）風

北魏·石婉誌

○何啚（圖）不幸

北魏·王君妻韓氏誌
○託玄石而嵒（圖）風

北魏·元謐妃馮會誌
○秉嵒（圖）握璽

北魏·馮邕妻元氏誌
○河嵒（圖）洛璽

北魏·劇市誌
○□巢許之祕嵒（圖）

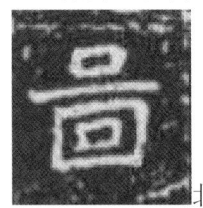

北魏·寇治誌
○應嵒（圖）踵武

北魏·唐耀誌
○雄嵒（圖）豹炳

北魏·張玄誌
○何嵒（圖）幽靈無檢

北魏·元定誌
○敬嵒（圖）圖玄石

東魏·王僧誌
○豈嵒（圖）不吊

北齊·狄湛誌
○名載于漢嵒（圖）

北齊·劉悅誌
○跡光嵒（圖）篆

北齊·姜纂造像
○嵒（圖）盡神明

北齊·石佛寺迦葉經碑

○其嵒（圖）如針

北齊·崔宣華誌

○入帳窺嵒（圖）

嗇部

【嗇】

《說文》：嗇，愛濇也。从來从㐭。來者，㐭而藏之。故田夫謂之嗇夫。凡嗇之屬皆从嗇。

【䢼】

《說文》：䢼，古文嗇从田。

漢銘·壽成室鼎一

漢銘·壽成室鼎二

漢銘·桂宮鴈足鐙

漢銘·陽泉熏鑪

漢銘·五鳳熨斗

漢銘·永始乘輿鼎一

睡·語書1

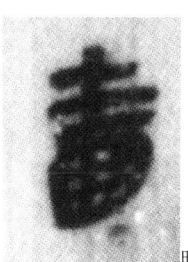

睡·秦律十八種 162

睡·效律 8

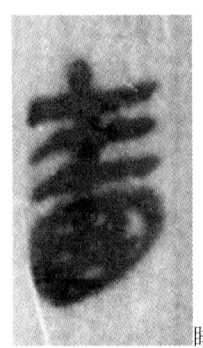

睡・秦律雜抄 29

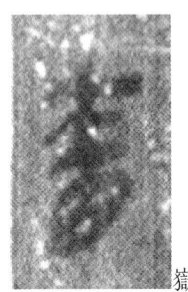

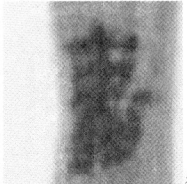

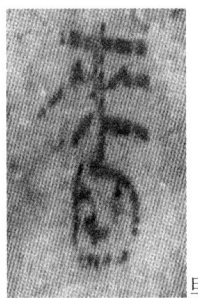

獄・為吏 9

獄・得之案 186

里・第八層 568

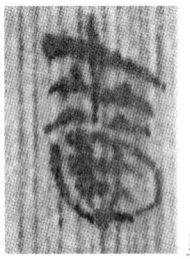

里・第八層背 1445

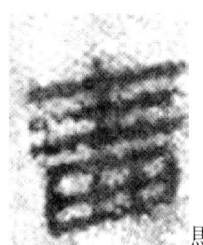

馬壹 171_8 上

○兵甲嗇嗇

張・戶律 329

○鄉部嗇夫

張・奏讞書 121

銀壹 846

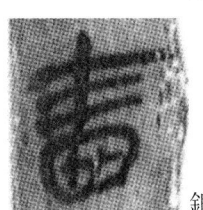

銀貳 1748

○可爲嗇夫嫁女取婦

北貳・老子 60

○莫如嗇夫唯嗇是以

敦煌簡 1290

○泉置嗇夫光以亭行

金關 T02:057
○延農嗇夫

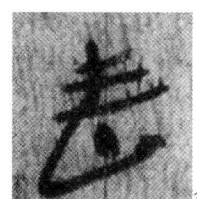

金關 T15:013
○水關嗇寫移如

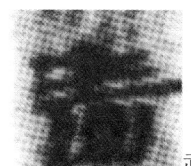

武·甲《少牢》34
○受嗇黍

東牌樓 105 背
○山鄉嗇夫

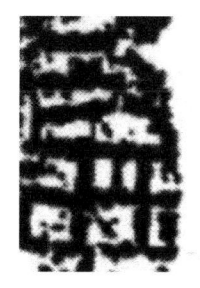

廿世紀璽印三-GP
○庫嗇夫印

漢晉南北朝印風
○廚嗇

漢印文字徵
○倉嗇夫張均印

漢印文字徵
○五屬嗇

東漢·成陽靈臺碑

東漢·張遷碑陽
○更問嗇夫

東漢·張遷碑陽
○嗇夫喋喋小吏

東漢·張遷碑陽
○於是進嗇夫爲令

【牆】

《說文》：牆，垣蔽也。从嗇爿聲。

【牆】

《說文》：牆，籒文亦从二來。

【牆】

《說文》：牆，籒文从二禾。

睡・秦律十八種195

馬壹260_4下

東漢・營陵置社碑

東漢・史晨後碑

北魏・元徽誌

○孰謂推牆

北魏・王翊誌

○彩彩牆柳

北魏・元誘誌

○颯沓牆柳

北魏・元秀誌

○敬逾牆走

東魏・元均及妻杜氏誌

東魏・司馬興龍誌

北齊・暴誕誌

北齊・張海翼誌

○壇牆嚴峻

北齊・司馬遵業誌

○惟公宮牆峭立

來部

【來】

《說文》：來，周所受瑞麥來麰。一來二縫，象芒束之形。天所來也，故爲行來之來。《詩》曰："詒我來麰。"
凡來之屬皆从來。

西晚・不其簋

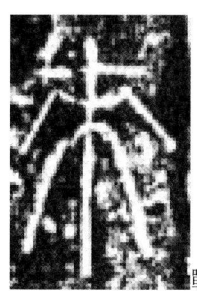

戰中・商鞅量

睡・法律答問 180

睡・封診式 20

睡・日甲《詰》66

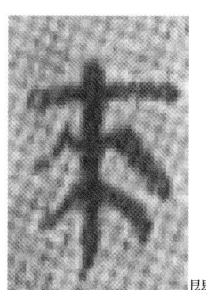

關・日書 228

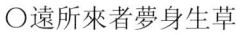

獄・占夢書 22

○遠所來者夢身生草

獄・綰等案 241

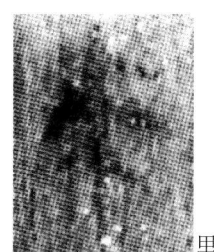

里・第五層 1

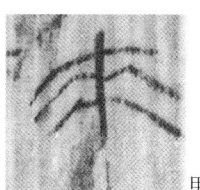

里・第八層 1777

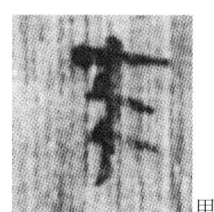

里・第八層 1533

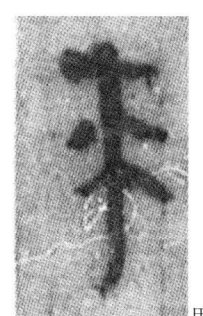

里・第八層背 672

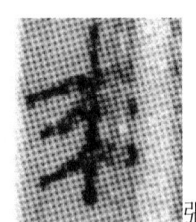

張·捕律150

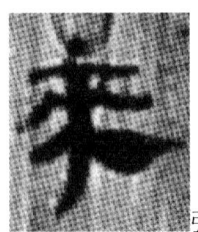

張·奏讞書177

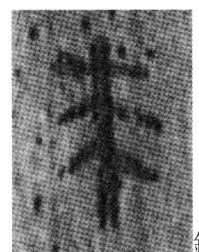

銀貳1555

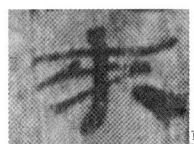

敦煌簡0983

○徼外來絳而賊殺之

金關T30:057B

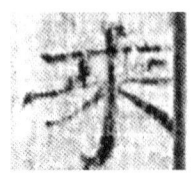

金關T07:070B

○常以來

北壹·倉頡篇7

魏晉殘紙

○事想當來

廿世紀璽印三-GP

廿世紀璽印三-GP

○來無丞印

漢印文字徵

○來長里

漢印文字徵

○來譚之印

漢印文字徵

○合來恢印

漢印文字徵

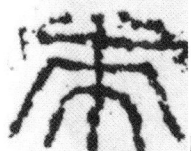

歷代印匋封泥
○來無

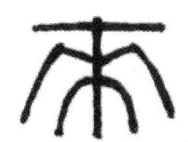

漢印文字徵

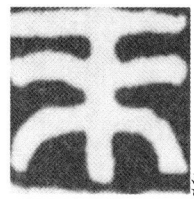

漢晉南北朝印風
○鞏翁來印

漢晉南北朝印風

漢晉南北朝印風
○與來卿

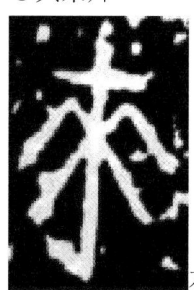

石鼓·車工

東漢·乙瑛碑

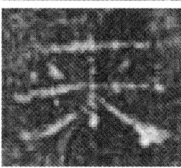

東漢·禮器碑
○獲麟來吐

東漢·倉頡廟碑側
○以示來世之未生

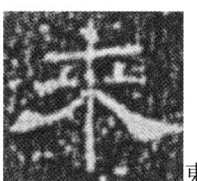

東漢·史晨後碑

東漢·成陽靈臺碑
○徐方來庭

東漢·尹宙碑
○名光來世

東漢·肥致碑
○翔然來臻

三國魏·王基斷碑
○光示來裔

三國魏・三體石經春秋・隸書
○來錫公命

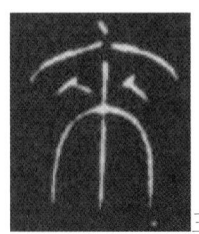

三國魏・三體石經春秋・篆文
○齊侯使國歸父來聘夏

西晉・石尟誌
○俾示來世

東晉・劉媚子誌
○年廿來歸

北魏・山暉誌
○傳之來世

北魏・塔基石函銘刻
○取證來果

北魏・給事君妻韓氏誌
○粵來仲冬乙亥

北魏・寇憑誌
○古往來今

北魏・元譓誌
○暑往寒來

北魏・元譚妻司馬氏誌
○迺祖來遊

北魏・元煥誌
○好爵來依

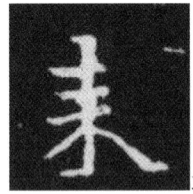

北魏・吐谷渾氏誌
○用貽來葉

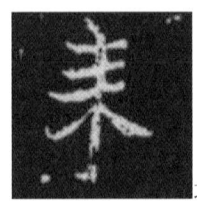

北魏・吐谷渾氏誌
○來雲闇色

北魏・塔基石函銘刻

〇福證將來

東魏・閭叱地連誌

東魏・閭叱地連誌

北齊・唐邕刻經記

北齊・雲榮誌

【勑】

《說文》：勑，《詩》曰："不勑不來。"从來矣聲。

【俫】

《說文》：俫，勑或从亻。

麥部

【麥】

《說文》：麥，芒穀，秋種厚薶，故謂之麥。麥，金也。金王而生，火王而死。从來，有穗者；从夊。凡麥之屬皆从麥。

漢銘・新量斗

睡・法律答問 153

〇麥當出未出即

睡・日甲 151

〇甲及子麥

睡・日乙 46

〇及子麥乙巳

嶽・數 156

〇麥六斗

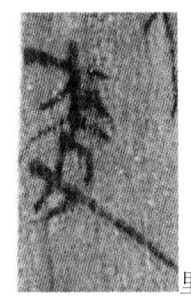

里・第八層 258
○□爲麥

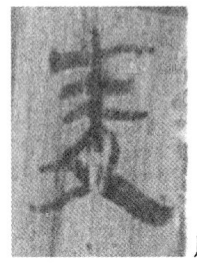

馬貳 274_178/198
○麥五石

馬貳 232_131
○麥食二器盛

張・算數書 102
○麥十二分

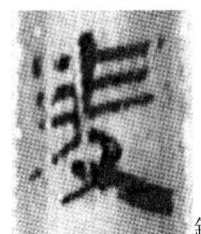

銀貳 1785
○麥秋苗生

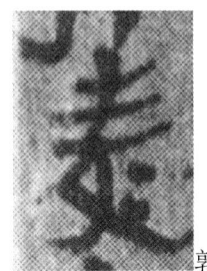

敦煌簡 0318A
○麥八石

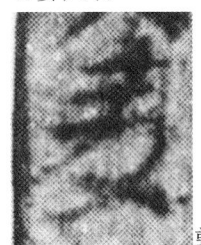

敦煌簡 2250
○食大麥一斛五斗

金關 T07:100A
○一石麥未

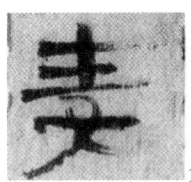

金關 T21:125A
○當給麥毋使

金關 T22:007
○出麥一石九斗三升

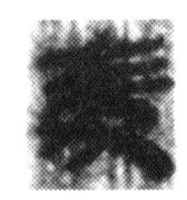

秦文字編 855

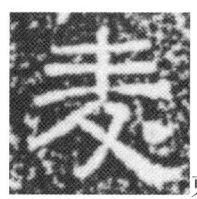

東漢·西狹頌

○粟麥五錢

東漢·史晨後碑

○自以城池道濡麥

北魏·元顥誌

○獨軫麥秀之悲

【麰】

《說文》：麰，來麰，麥也。从麥牟聲。

【䴴】

《說文》：䴴，麰或从艸。

【䵤】

《說文》：䵤，堅麥也。从麥气聲。

【𪋿】

《說文》：𪋿，小麥屑之覈。从麥貴聲。

【䵃】

《說文》：䵃，䃺麥也。从麥巠聲。一曰擣也。

【麩】

《說文》：麩，小麥屑皮也。从麥夫聲。

【䴺】

《說文》：䴺，麩或从甫。

【䵂】

《說文》：䵂，麥末也。从麥丏聲。

【䵆】

《說文》：䵆，麥覈屑也。十斤爲三斗。从麥啻聲。

秦文字編 855

【䴷】

《說文》：䴷，䴺麥也。从麥豐聲。讀若馮。

【麮】

《說文》：麮，麥甘鬻也。从麥去聲。

【䴾】

《說文》：䴾，餠𪍿也。从麥㱿聲。讀若庫。

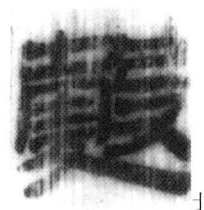

北壹·倉頡篇 15

○秫麻荅麰麩

【䊆】

《說文》：䊆，餅𪍿也。从麥穴聲。

【䴲】

《說文》：䴲，餅𪍿也。从麥才聲。

〖麯〗

金關 T24:061A

夊部

【夊】

《說文》：夊，行遲曳夊夊，象人兩脛有所躧也。凡夊之屬皆从夊。

【夋】

《說文》：夋，行夋夋也。一曰倨也。从夊允聲。

【复】

《說文》：复，行故道也。从夊，畐省聲。

廿世紀璽印三-SY

○復曼印信

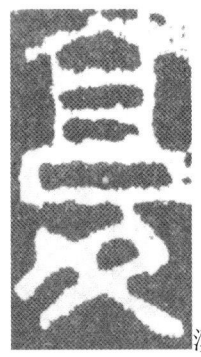

漢代官印選

○復土校尉章

【夌】

《說文》：夌，越也。从夊从㞢。㞢，高也。一曰夌約也。

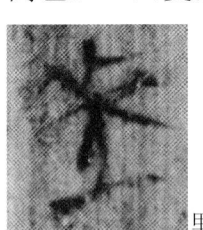

里·第五層背 5

○夌行士事戈

【致】

《說文》：致，送詣也。从夊从至。

漢銘·元和四年壺

睡·秦律十八種 11

○稟弗致者皆止勿稟

睡·法律答問 150

○扇不致禾稼能出廷

睡·為吏 31

○而勿致

睡·日甲《玄戈》52

○角房致死

獄·癸瑣案 3

○斷未致購到其甲子

里·第八層 648

○書案致毋應□

里·第八層背 137

○且致劾論子

馬壹 81_36

○公玉丹之勺（趙）致蒙

馬貳 212_8/109

○內以致其氣

張·盜律 74

○必有符致

張·奏讞書 1

○受致書

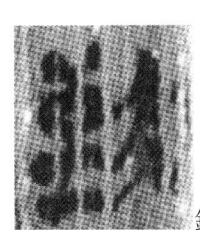

銀貳 1958

○順之致

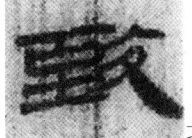

北貳·老子 7

○其致之也

敦煌簡 0662A
○書奉致君

金關 T07:049
○以傅致

金關 T03:047B
○入關致

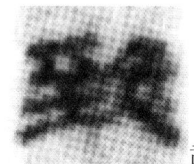

武・甲《特牲》29
○洗酌致爵于主婦

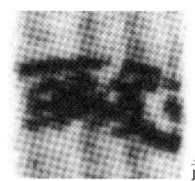

武・甲《有司》53

東牌樓 012
○可復致菽弩委矢

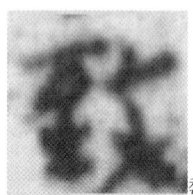

魏晉殘紙
○致消息不能別

歷代印匋封泥
○咸郿里致

東漢・成陽靈臺碑
○地致石壥

東漢・曹全碑陽
○重親致歡曹景完

東漢・尹宙碑
○致位執金吾

東漢・五瑞圖摩崖
○肥致

東漢・肥致碑
○肥致

東漢・西岳華山廟碑陽
○舞以致康

2480

三國魏·上尊號碑

○則致升平

北魏·元廠誌

○致竭兩深

北魏·元恪誌

○方希致遠

北齊·爾朱元靜誌

○終致榮華

【憂】

《說文》：憂，和之行也。从夂惪聲。《詩》曰："布政憂憂。"

漢銘·聖主佐宮中行樂錢

睡·為吏40

關·日書191

獄·為吏31

○不勝憂

獄·占夢書33

○為外憂內勮

獄·同顯案142

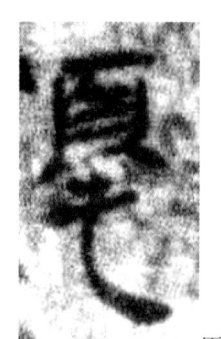

馬壹 93_311

○梁（梁）無東地慁（憂）而王

馬壹 4_2 下

馬壹 81_36

○王慁（憂）之故強臣

馬壹 103_10\179

○未見君子慁（憂）心

馬壹 133_30 下/107 下

馬壹 91_272

○李園慁（憂）之兵未出

張·奏讞書 4

張·脈書 55

銀貳 1006

北貳·老子171

敦煌簡2057
○辨不憂事者

金關T07:005

金關T10:208

東牌樓032背
○時屬憂蚤畢感

漢印文字徵
○張毋憂印

漢印文字徵
○康印毋憂

漢印文字徵
○楊餘憂印

漢印文字徵
○毋憂

漢印文字徵
○番擇憂印

漢印文字徵
○申毋憂

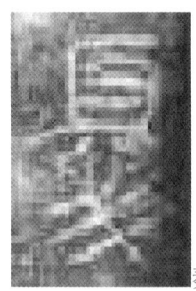

秦駰玉版

東漢・朝侯小子殘碑

東漢・鮮於璜碑陰

東漢・執金吾丞武榮碑

東漢・楊著碑額

東漢・建寧元年殘碑

東漢・曹全碑陽

東漢・圉令趙君碑
○以兄憂不至

西晉・趙氾表

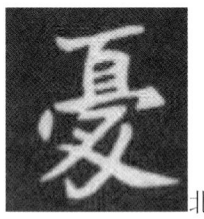

北魏・寇憑誌

北魏・李璧誌

北魏・元晫誌

北魏・元朗誌

北魏・元舉誌

北魏・元襲誌

○憂深旰食

東魏・馮令華誌

東魏・劉懿誌

東魏・元玤誌

北齊・婁叡誌

北齊・刁翔誌

北周・須蜜多誌

【愛】

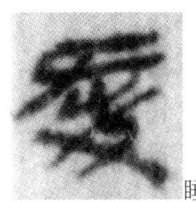

《説文》：𢗊，行皃。从夊㤅聲。

睡・日甲《人字》153

○者愛

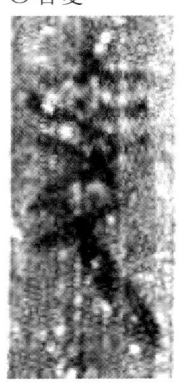

嶽・占夢書 26

○所愛夢

里・第八層 567

○司寇愛

馬壹 103_23\192

○親而篤之愛也

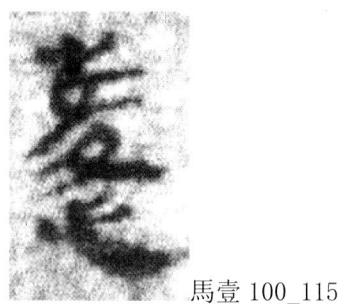

馬壹 100_115

○愛以身爲天下

馬壹 43_47 上

○言請（情）愛而實弗隨（遁）

馬貳 207_45

○必愛而喜之

銀壹 819

○內示民明（萌）以仁愛

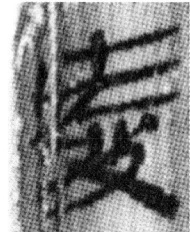

銀貳 2082

○天愛其精

北貳·老子 154

○愛以身爲天下

敦煌簡 2033B

○自愛

金關 T24:728A

○比見且自愛

金關 T31:141

○是故先之以博愛

漢印文字徵

漢印文字徵

漢印文字徵

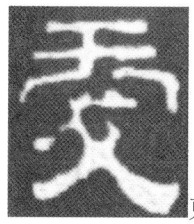

東漢・楊著碑額

東漢・夏承碑

東漢・西狹頌

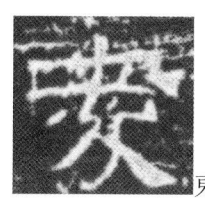

東漢・張遷碑陽

東漢・成陽靈臺碑

北魏・元頊誌

北魏・元羽誌

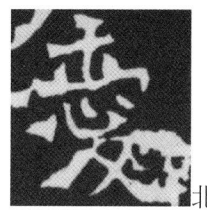

北魏・尹愛姜等造像

北魏・元詳誌

北魏・吐谷渾璣誌

北魏・元懷誌

北魏·寇憑誌

○人無愛身

北魏·郭顯誌

北魏·元暉誌

北魏·元子永誌

東魏·元悰誌

東魏·杜文雅造像

○捐金弗愛

東魏·元玕誌

北齊·婁黑女誌

○還魚反金之愛

北齊·高阿難誌

【㞢】

《說文》：㞢，行㞢㞢也。从夂，闕。讀若僕。

【𡗢】

《說文》：𡗢，繇也舞也。樂有章。从章从夅从夂。《詩》曰："𡗢𡗢舞我。"

【夑】

《說文》：夑，瑠蓋也。象皮包覆瑠，下有兩臂，而夂在下。讀若范。

【夏】

《說文》：夏，中國之人也。从夂从頁从臼。臼，兩手；夂，兩足也。

【夓】

《說文》：夓，古文夏。

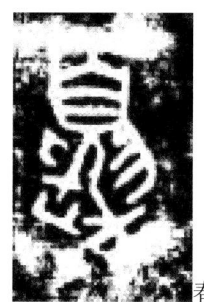

春晚·秦公簋

春晚·秦公鎛

漢銘·上林鼎一

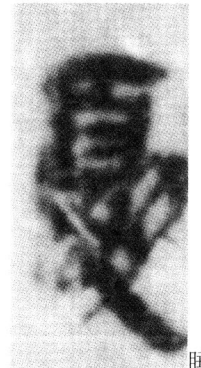

睡·秦律十八種 119

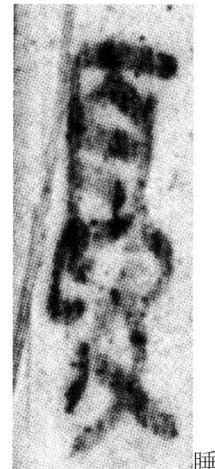

睡·日甲《土忌》134

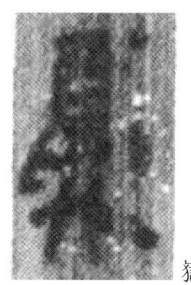

嶽·占夢書 14

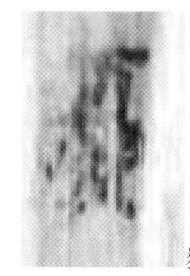

嶽·田與案 205

〇市奸夏陽論

馬壹 178_64 下

馬壹 15_12 上\105 上

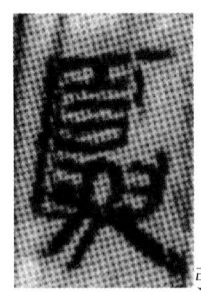

張·金布律 419

張·引書 1

銀貳 1623

金關 T10:066

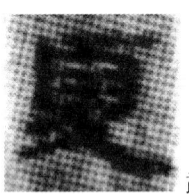

武·儀禮甲《士相見之禮》1

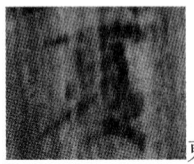

東牌樓 003 正

○掾夏詳言

北壹·倉頡篇 59

○冬寒夏暑

魏晉殘紙

○夏暑

秦代印風

○夏侯偃

歷代印匋封泥

○陽夏丞印

廿世紀璽印三-GP

○夏侯良　廿世紀璽印三-SY

○夏豐私印　廿世紀璽印三-SY

○夏侯何印　廿世紀璽印三-SY

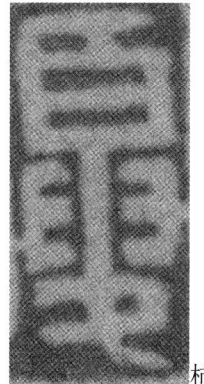

柿葉齋兩漢印萃

○夏侯匡印　漢印文字徵

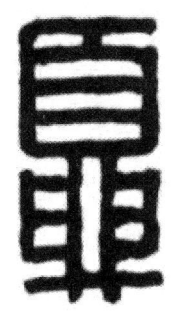

○夏成　漢印文字徵

○夏蒼　漢印文字徵

漢代官印選

○陽夏右尉　漢印文字徵

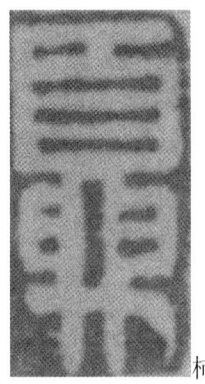

柿葉齋兩漢印萃

○夏當時

漢印文字徵

○夏遂私印

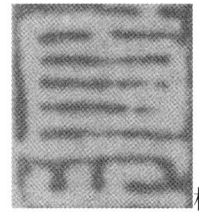

柿葉齋兩漢印萃

○蘇澤夏印

漢印文字徵

○夏勝

漢代官印選

○夏陽令印章

漢印文字徵

○夏彊

漢印文字徵

○夏侯拾

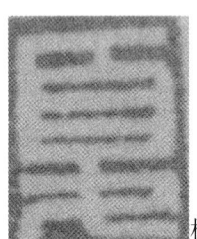

柿葉齋兩漢印萃

漢晉南北朝印風

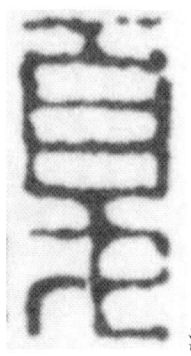

漢晉南北朝印風

○夏旻

漢晉南北朝印風

○夏侯成印

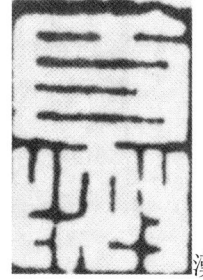

漢晉南北朝印風

○夏少卿印

漢晉南北朝印風

○夏侯可置

漢晉南北朝印風

○夏勝

漢晉南北朝印風

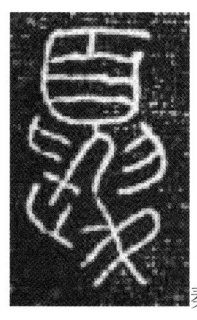

秦公大墓石磬

東漢・孔宙碑陽

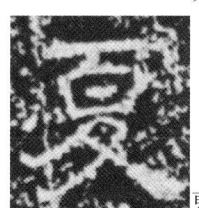

東漢・尹宙碑

○諸夏肅震

東漢・圉令趙君碑

東漢・成陽靈臺碑

○日禝不夏

東漢・少室石闕銘

○夏效監廟

三國魏・三體石經春秋・古文

○夏四月

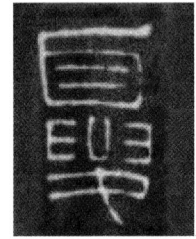

三國魏・三體石經春秋・篆文

○夏四月

三國魏・三體石經春秋・隸書

○夏四月

東晉・謝鯤誌

○夏謝鯤幼輿

北魏・元融誌

○都督東秦幽夏三州諸軍事

北魏・元子直誌

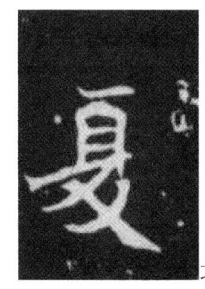

○西夏之任

北魏・鄧乾誌

北魏・趙謐誌

北魏・公孫猗誌蓋

○魏并夏二州使君

北魏・解伯都等造像

北齊・石信誌

○都督幽夏寧秦濟鄭恒靈趙九州諸軍事

北齊·赫連子悅誌

北齊·雲榮誌

○大夏武皇帝

北齊·孟阿妃造像

○息女夏姬

【夒】

《說文》：夒，治稼夒夒進也。從田、人，從夊。《詩》曰："夒夒良耜。"

【夋】

《說文》：夋，斂足也。鵲鶥醜，其飛也夋。從夊允聲。

【夒】

《說文》：夒，貪獸也。一曰母猴，似人。從頁，巳、止、夊，其手足。

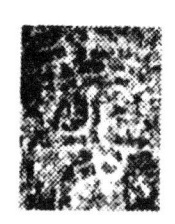

秦文字編 858

春早·秦子簋蓋

○又（有）夒（柔）孔嘉

【夔】

《說文》：夔，神魖也。如龍，一足，從夊；象有角、手、人面之形。

秦代印風

○王夔

漢印文字徵

○夔漢

三國魏·上尊號碑

○臣夔

北齊·魏懿誌

○獸尊龍夔

北齊·劉悅誌

○豢夔龍於邃古

【㚜】

《說文》：㚜，拜失容也。从夂坐聲。

〖㛃〗

廿世紀璽印二-SP

○咸邮里㛃

〖夤〗

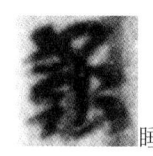

睡·日甲《稷叢辰》28

○申子夤酉亥陰

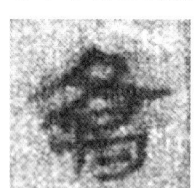

馬壹11_70上

○无交夤（害）非咎

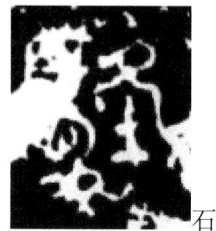

〖敄〗

春晚·秦公鎛

○不廷敄（柔）燮

【夔】

石鼓·作原

○□□□夔

舛部

【舛】

《說文》：舛，對臥也。从夂㐄相背。凡舛之屬皆从舛。

【踳】

《說文》：踳，楊雄說：舛从足、春。

金關 T10:165

○以食舛口等

北魏·元暐誌

○五勝無舛

北魏·元颺誌

○福舛必慶

北魏·元簡誌

○冥慶舛和

【舞】

《說文》：舞，樂也。用足相背，從舛；無聲。

【翌】

《說文》：翌，古文舞从羽、亡。

馬貳 260_29/45

○河閒舞者四人

銀貳 1797

○以鼓舞天不陰雨

金關 T03：095

○公乘舞聖年卅

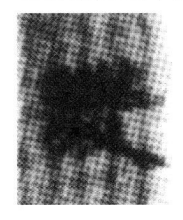

武・甲《燕禮》50

○樂如舞則《酌》

北壹・倉頡篇 33

○舞炊竽變

漢晉南北朝印風

漢印文字徵

漢印文字徵

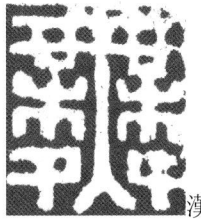

漢代官印選

東漢・成陽靈臺碑

北魏・韓顯祖造像

○歡舞

北魏・寇偘誌蓋

【羍】

《說文》：䡔，車軸耑鍵也。兩穿相背，从舛；离省聲。离，古文偰字。

舜部

【䑞（舜）】

《說文》：䑞，艸也。楚謂之葍，秦謂之藑。蔓地連華。象形。从舛，舛亦聲。凡䑞之屬皆从䑞。

【㗊】

《說文》：㗊，古文䑞。

馬壹 110_168\337

馬壹 44_38 下

○非舜亓（其）孰能當之

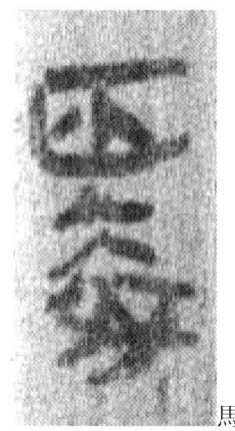

馬貳 207_45

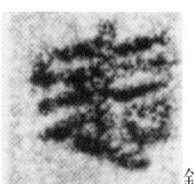

銀壹 255

銀貳 1305

敦煌簡 1011

金關 T10:103

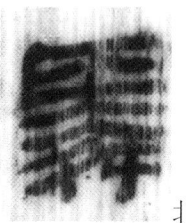

北壹・倉頡篇 65

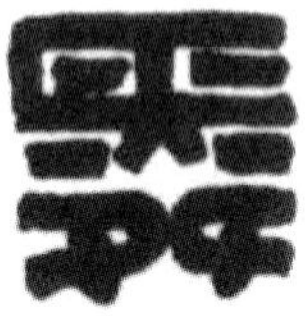

漢印文字徵

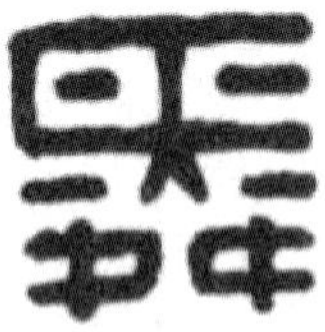

漢印文字徵

漢印文字徵

漢印文字徵

○羊舜印

漢印文字徵

漢印文字徵

○臣舜

漢印文字徵

漢印文字徵

漢晉南北朝印風

○粟舜

漢晉南北朝印風

○公乘舜印

漢晉南北朝印風

漢晉南北朝印風

漢晉南北朝印風

漢晉南北朝印風

○張舜

北魏·元乂誌

北魏·慕容纂誌

○歎舜五臣

北齊·高潤誌

【雞】

《說文》：雞，華榮也。从舜生聲。讀若皇。《爾雅》曰："雞，華也。"

【蕸】

《說文》：蕸，雞或从艸、皇。

韋部

【韋】

《說文》：韋，相背也。从舛口聲。獸皮之韋，可以束枉戾相韋背，故借以爲皮韋。凡韋之屬皆从韋。

【䢸】

《說文》：䢸，古文韋。

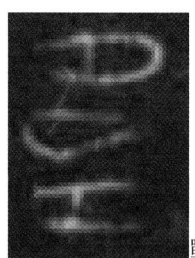

戰晚·八年相邦呂不韋戈

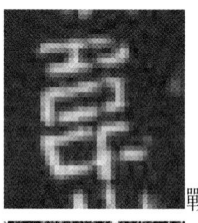

戰晚·七年相邦呂不韋戟

戰晚·五年呂不韋戈（一）

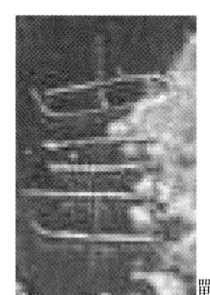

戰晚·囗年相邦呂不韋戈

睡・秦律十八種 89

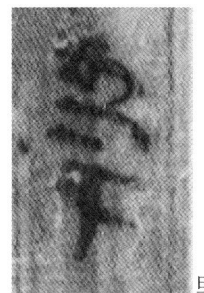

獄・為吏 48

里・第八層背 138

馬壹 84_104

○韋非以粱（梁）王之令（命）

馬壹 84_102

○寡人與韋非約曰

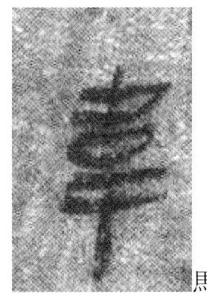

馬貳 117_150/150

張・算數書 153

銀壹 840

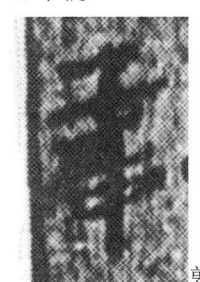

○韋鞭

敦煌簡 1722

○卒王韋等十八人

金關 T03:038A

○十丁韋君粟錢

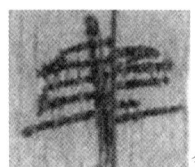

金關 T21:052B
○青韋餡

漢晉南北朝印風

漢印文字徵

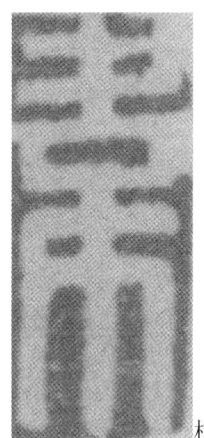

柿葉齋兩漢印萃
○韋曇印

漢印文字徵

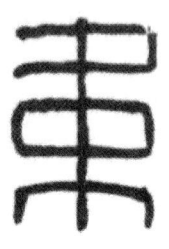

漢印文字徵

○巨韋季春

漢晉南北朝印風

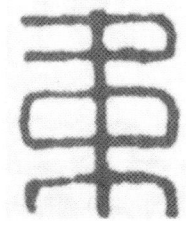

漢晉南北朝印風

○巨韋季春

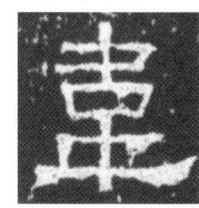

東漢・張遷碑陰

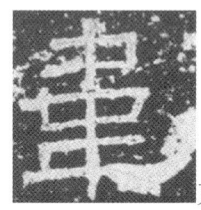

東漢・陽嘉殘碑陰

東漢・封龍山頌

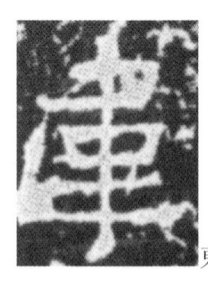

東漢・張遷碑陽

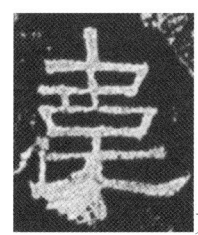

東漢・張遷碑陰

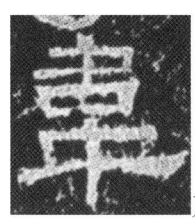

東漢・張遷碑陰

東漢・張遷碑陰

東漢・張遷碑陰

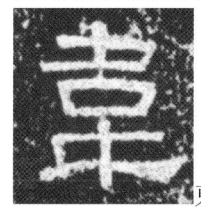

東漢・張遷碑陰

東漢・張遷碑陰

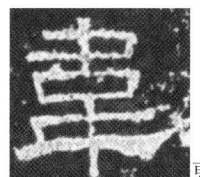

東漢・張遷碑陰

三國魏・三體石經尚書・古文

○用厥心韋怨

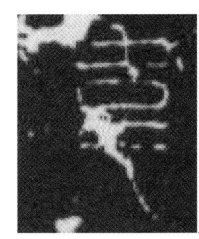

三國魏・三體石經尚書・篆文

○用厥心韋怨

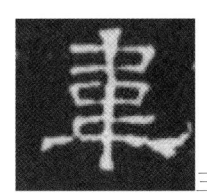

三國魏・三體石經尚書・隸書

北魏・寇演誌

北魏・馮季華誌

東魏・元悰誌

北齊·唐邕刻經記

北齊·斛律氏誌

【韠】

《説文》：韠，韍也。所以蔽前，以韋。下廣二尺，上廣一尺，其頸五寸。一命縕韠，再命赤韠。从韋畢聲。

【韎】

《説文》：韎，茅蒐染韋也。一入曰韎。从韋末聲。

【韢】

《説文》：韢，橐紐也。从韋惠聲。一曰盛虜頭橐也。

【韜】

《説文》：韜，劍衣也。从韋舀聲。

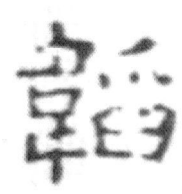

東漢·譙敏碑

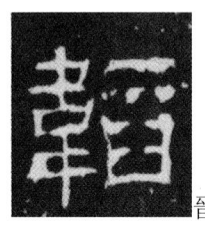

晉·劉韜誌

西晉·趙氾表

北魏·張玄誌

○咸韜（韜）松戶

北魏·薛慧命誌

○劍崿韜穎

北魏·劇市誌

○如韜劍内

北魏·尉氏誌

○瑤琴韜（韜）軫

北齊·郭顯邕造經記

北齊·竇泰誌

○偏持三略六韜

【韝】

《說文》：韝，射臂決也。从韋冓聲。

【韘】

《說文》：韘，射決也。所以拘弦，以象骨，韋系，著右巨指。从韋枼聲。《詩》曰："童子佩韘。"

【弽】

《說文》：弽，韘或从弓。

北齊·刁翔誌

○君佩韘志重

【韣】

《說文》：韣，弓衣也。从韋蜀聲。

北齊·李雲誌

○蘊韣琳瑯

【韔】

《說文》：韔，弓衣也。从韋長聲。《詩》曰："交韔二弓。"

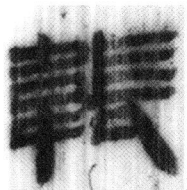

北壹·倉頡篇19

○總納韔戀

【鞮】

《說文》：鞮，履也。从韋是聲。

【韤】

《說文》：韤，履後帖也。从韋段聲。

【緞】

《說文》：緞，韤或从糸。

金關 T21∶262

【韤】

《說文》：韤，足衣也。从韋蔑聲。

【轉】

《說文》：轉，軺裏也。从韋專聲。

【韏】

《說文》：韏，革中辨謂之韏。从韋弄聲。

【韢】

《說文》：韢，收束也。从韋糉聲。讀若酋。

【䪎】

《說文》：䪎，韢或从要。

【摬】

《說文》：摬，韢或从秋、手。

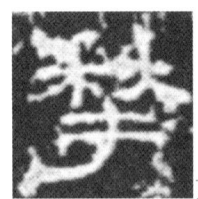

東漢・西岳華山廟碑陽

【韓（韓）】

《說文》：韓，并垣也。从韋，取其帀也；倝聲。

漢銘・韓鐖

漢銘・延熹五年鐖

漢銘・大司農權

睡・編年記 24

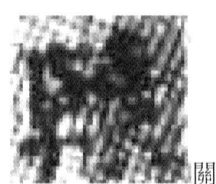

睡・日甲 22

關・曆譜 2

里・第八層 894

馬壹 226_97

馬壹 91_271

馬壹 90_240

馬壹 90_239

第五卷

馬壹 89_229

馬壹 86_156

馬壹 80_9

馬壹 86_165

銀壹 158

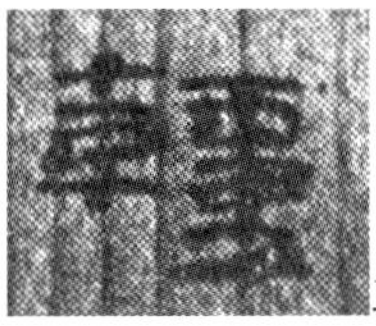

敦煌簡 1463

敦煌簡 1462

金關 T24:579

廿世紀璽印三-SY

○韓大夫

秦代印風

○韓枯

秦代印風

○韓杞

秦代印風

○韓成

秦代印風

○韓得

秦代印風

○韓窯

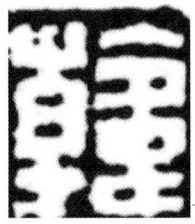

廿世紀璽印三-SY

○韓王孫印

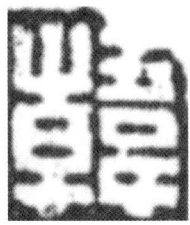

廿世紀璽印三-SY

○韓弄私印

廿世紀璽印三-SY

○韓克漢印

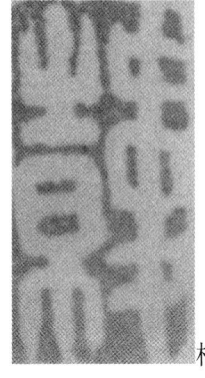

柿葉齋兩漢印萃

○韓信

漢印文字徵

○韓龍

漢印文字徵

○京州韓聶

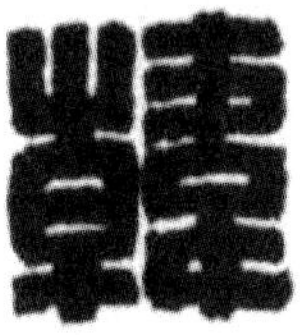

漢印文字徵

○韓宗私印

漢印文字徵

○韓印得之

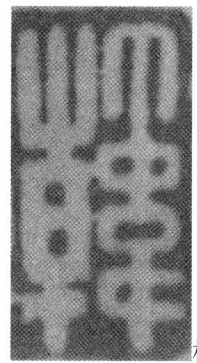

○韓章

柿葉齋兩漢印萃

漢印文字徵

○韓壽

漢印文字徵

○韓業私印

漢印文字徵

○韓毕印

漢印文字徵

○韓闟

漢印文字徵

○韓柱印

漢晉南北朝印風

○韓衆

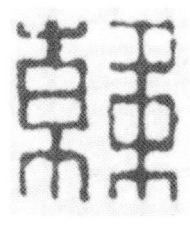

漢晉南北朝印風

○韓襃印信

漢晉南北朝印風

○韓得之印

漢晉南北朝印風

○韓宗私印

漢晉南北朝印風

○韓橫之印

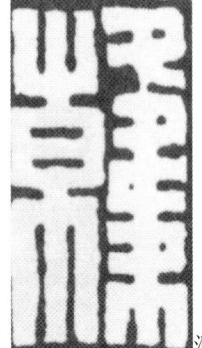

漢晉南北朝印風

○韓畢印

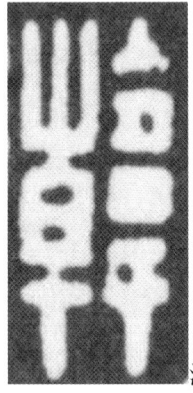

漢晉南北朝印風

○韓過等

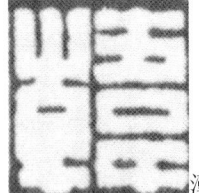

漢晉南北朝印風

○韓德之印

漢晉南北朝印風

○韓禹

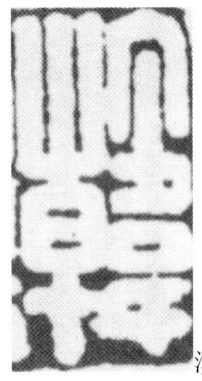

漢晉南北朝印風

○韓廬

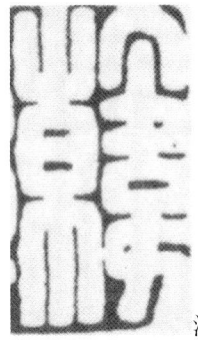

漢晉南北朝印風

○韓章

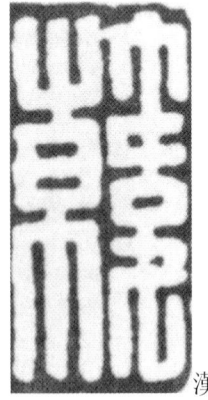

漢晉南北朝印風

○韓卯印

漢晉南北朝印風
○韓宜王

秦文字編 860

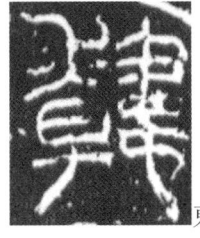

東漢・韓仁銘額
○憙長韓仁銘

東漢・禮器碑

東漢・石門頌

東漢・尚博殘碑

西晉・徐義誌

西晉・韓壽碣

北魏・韓顯宗誌

北魏・韓曳雲造像
○韓曳雲等共造

北魏・韓顯宗誌蓋
○魏故著作郎韓君墓誌

北魏・給事君妻韓氏誌

北魏・給事君妻韓氏誌
○給事君夫人韓氏之墓誌

北齊・雲榮誌

【韌】

《說文》：韌，柔而固也。从韋刃聲。

第五卷

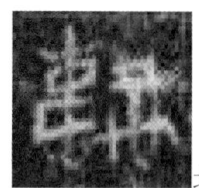

〖靹〗

北魏・劇市誌

○如靹韜劍

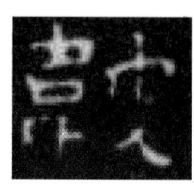

〖皷〗

東魏・蕭正表誌

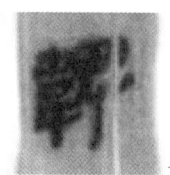

○皷弦鼓器之誡

〖鞞〗

岳・□盜殺安、宜等案 157

○佩新大鞞（鞞）刀

〖韞〗

東漢・譙敏碑

北魏・元懷誌

北魏・元詳誌

西魏・鄧子詢誌

北周・李府君妻祖氏誌

〖轕〗

關・病方 333

○即取車轕（轄）

〖韜〗

秦文字編 860

弟部

【弟】

《說文》：弟，韋束之次弟也。从古字之象。凡弟之屬皆从弟。

【𢈔】

《說文》：弟，古文弟从古文韋省，丿聲。

2512

漢銘·中山宦者常浴銅錠二

漢銘·御食官鼎

漢銘·河東鼎

漢銘·安成家鼎

漢銘·御銅卮錠一

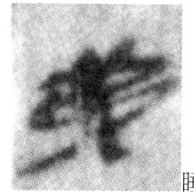

睡·日甲《除》13

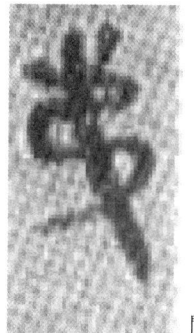

關·日書193

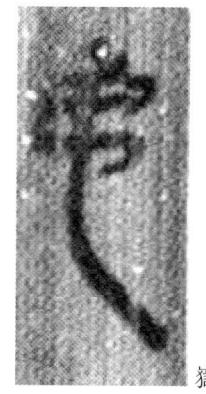

嶽·占夢書11

馬壹106_82\251

馬壹91_267

○非兄弟之國也

馬壹38_13上

○教此弟子

馬貳134_12/67

敦煌簡0230A

金關 T05:078

○女董弟卿年廿

金關 T23:245

金關 T03:093

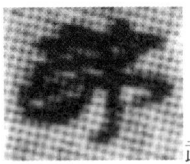

武·儀禮甲《士相見之禮》11

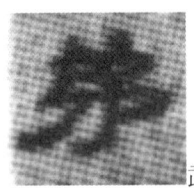

武·儀禮甲《服傳》41

武·甲《特牲》52

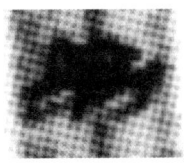

武·乙本《服傳》34

東牌樓 005

魏晉殘紙

秦代印風

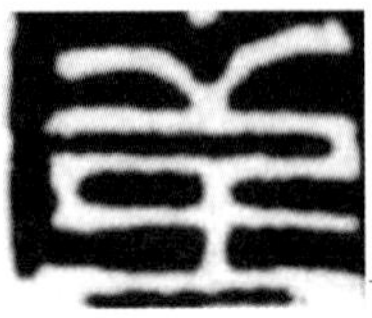

廿世紀璽印三-SY

○李樂弟

漢晉南北朝印風

○孝弟祭尊之印

漢印文字徵

漢印文字徵

○劉弟吾

漢印文字徵

漢晉南北朝印風

○孝弟單右史翃

漢晉南北朝印風

○侯弟孺

東漢·大吉山摩崖刻石

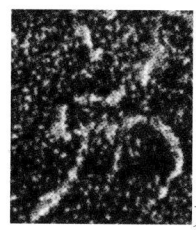

○昆弟六人

東漢·滕州永元十年畫像石

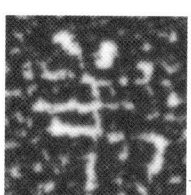

東漢·許安國墓祠題記

三國魏·三體石經春秋·古文

○文公弟（第）六

【䍽】

《說文》：䍽，周人謂兄曰䍽。从弟从眾。

夊部

【夊】

《說文》：夊，从後至也。象人兩脛後有致之者。凡夊之屬皆从夊。讀若黹。

【夆】

《說文》：夆，相遮要害也。从夊丯聲。南陽新野有夆亭。

【夆】

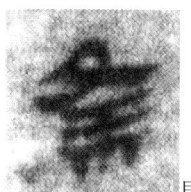

《說文》：夆，牾也。从夊半聲。讀若縫。

馬壹 142_16/190 上

○德乃夆（丰）脩

漢印文字徵

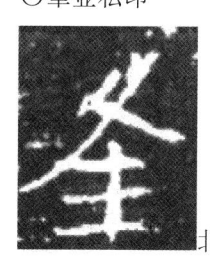

○夆並私印

北魏·劉滋誌

○前夆（鋒）建效

【夅】

《說文》：夅，服也。从夊、午，相承不敢竝也。

金關 T32:010

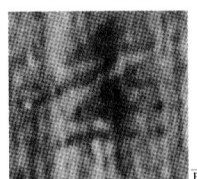

○各夅一匹

東牌樓 079

○卒篤夅子

【殳】

《說文》：殳，秦以市買多得爲殳。从乃从夂，益至也。从乃。《詩》曰："我殳酌彼金罍。"

【夂】

《說文》：夂，跨步也。从反夂。䠱从此。

久部

【久】

《說文》：久，以後灸之，象人兩脛後有距也。《周禮》曰："久諸牆以觀其橈。"凡久之屬皆从久。

秦代·元年詔版三

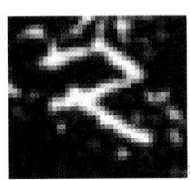

秦代·二世元年詔版一

漢銘·宜月器

漢銘·馮久鐖

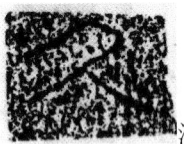

漢銘·樂未央壺

睡·秦律十八種 102

睡·效律 40

睡·法律答問 146

睡·為吏 15

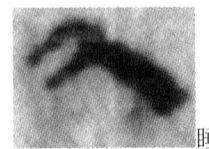

睡·日甲《稷（叢）辰》44

睡・日乙 43

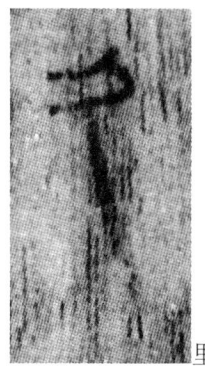

里・第八層 594

馬壹 80_13

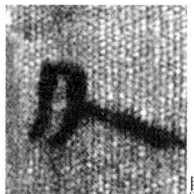

馬壹 77_70

馬貳 32_6 上

張・置後律 382

張・奏讞書 134

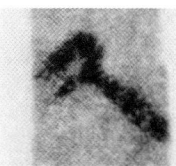

銀壹 318

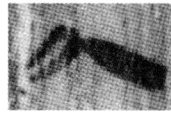

銀貳 1165

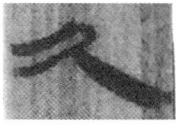

北貳・老子 61

敦煌簡 2012

金關 T09:238

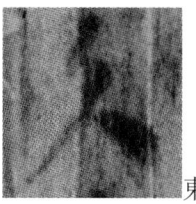

東牌樓 032 背

北壹・倉頡篇 3

○抑（抑）按啟久

魏晉殘紙

廿世紀璽印二-SP

○咸陽亭久

廿世紀璽印三-GP

○亭久

歷代印匋封泥

歷代印匋封泥

○行司空久

漢晉南北朝印風

廿世紀璽印三-SY

○久臨之印

漢印文字徵

漢印文字徵

○宜身長久

漢印文字徵

○路久

漢印文字徵

漢晉南北朝印風

琅琊刻石

○其於久遠也

泰山刻石

○其於久遠也

東漢・成陽靈臺碑

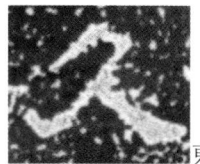

○貫長歷久

東漢・北海相景君碑陰

三國魏・受禪表

○大統不可以久曠

北魏・侯剛誌

○載於永久

北魏・元廣誌

○未久

桀部

【桀】

《説文》：𣎴，磔也。从舛在木上也。凡桀之屬皆从桀。

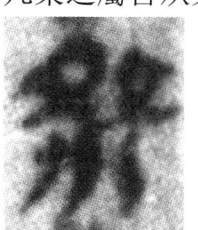

睡・日甲《星》93

馬壹88_204

銀壹749

○湯之伐桀也

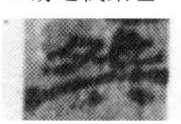

敦煌簡0782

○犯尤桀黠當以時誅

北壹・倉頡篇1

○桀紂迷惑

廿世紀璽印三-SY

漢印文字徵

漢印文字徵

漢印文字徵

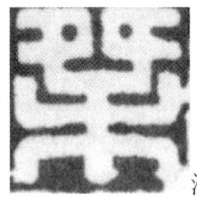

○王桀

漢晉南北朝印風

○馮桀私印

漢晉南北朝印風

東漢・尚博殘碑

○采儁桀（傑）

東漢・王孝淵碑

○漢徙豪桀（傑）

北魏・邢偉誌

北魏・元珍誌

○公誕光先桀（傑）

北魏・王普賢誌

○桀（傑）節峻概

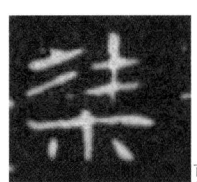

東魏・叔孫固誌

○乃共管樂等桀（傑）

東魏・杜文雅造像

○英桀（傑）比肩

北齊・常文貴誌

○生能獨桀（傑）

北齊・狄湛誌

【磔】

《說文》：磔，辜也。从桀石聲。

睡·法律答問 67

○當磔

獄·魏盜案 166

○論磔

馬貳 213_15/116

○五曰蝗磔

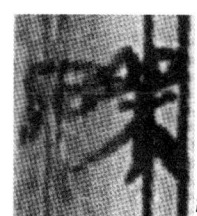

張·盜律 66

○盜皆磔

【乘】

《說文》：乘，覆也。从入、桀。桀，黠也。軍法曰乘。

【𠅞】

《說文》：𠅞，古文乘从几。

戰晚·十三年上郡守壽戈

戰國·十五年上郡守壽戈

漢銘·永始三年乘輿鼎

漢銘·尚浴府行燭盤

漢銘·乘輿缶

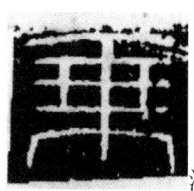

漢銘·南陵鍾

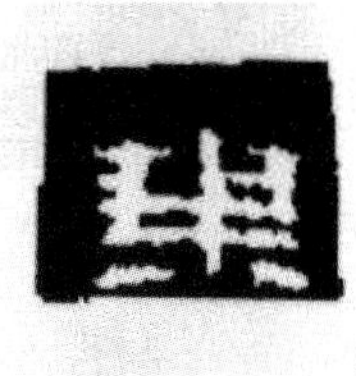

漢銘·元延乘輿鼎一

漢銘·永始乘輿鼎二

漢銘・昆陽乘輿銅鼎

睡・秦律十八種 18
○其乘服公馬牛

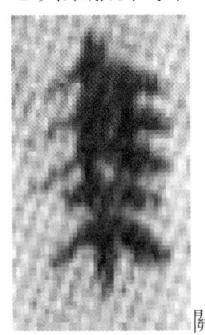

關・日書 199
○箕斗乘箕門

獄・占夢書 28
○夢乘周（舟）船

獄・數 209
○乘粲七同之卅

里・第八層 175
○椋輻乘車

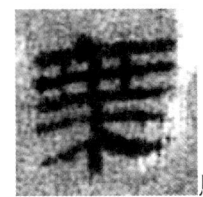

馬壹 5_28 上
○六四乘馬煩（班）如

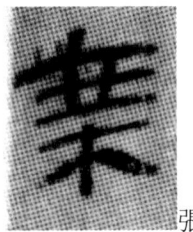

張・賜律 291
○公乘比六百石

張・奏讞書 58
○卒乘敵

銀壹 326

銀貳 1518
○萬乘之主

北貳・老子 191
○萬乘之王

金關 T01:034
○車三乘

武・甲《泰射》60
○兼挾乘矢

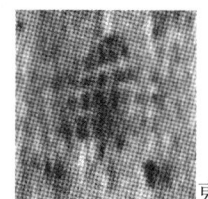

東牌樓 079
○公乘某卅九筭卒

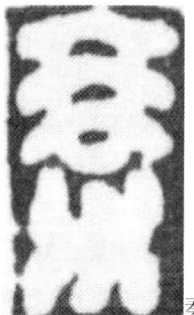

秦代印風
○百乘

秦代印風
○王乘

廿世紀璽印三-GP
○千乘丞印

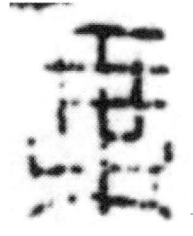

廿世紀璽印三-SY
○乘馬翠譽

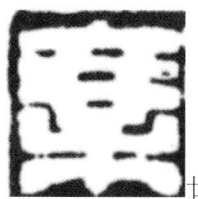

廿世紀璽印三-SY
○臣乘馬

漢印文字徵
○吳乘

漢印文字徵
○乘輿馬府

漢代官印選
○千乘太守章

漢代官印選

○千乘令之章

歷代印匋封泥

○千乘丞印

歷代印匋封泥

○臨乘丞印

漢晉南北朝印風

○蘇千乘

漢晉南北朝印風

○公乘舜印

漢晉南北朝印風

○臣乘

漢晉南北朝印風

○公孫乘印

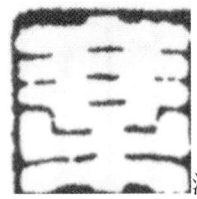

漢晉南北朝印風

○高乘馬

東漢・燕然山銘

○萬有三千餘乘

東漢・熹平石經殘石五

○負且乘致寇至貞吝

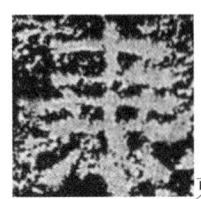

東漢・析里橋郙閣頌

○載乘爲下

東漢・封龍山頌
○長史甘陵廣川沐乘

東漢・元嘉元年畫像石題記一
○上即聖鳥乘浮雲

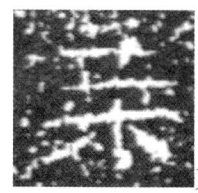

東漢・武氏左石室畫像題字
○靈輒乘盾

北魏・元誘誌
○乘傳出關

北魏・于仙姬誌
○奚不化乘

北魏・公孫猗誌
○君乘輜出守

北魏・王阿善造像
○道民女官王阿善乘直上

北魏・元子正誌
○乘龍御天之業

北魏・元瞻誌
○或乘我疆

北魏・薛孝通敘家世券
○名才秀出國史家乘

北魏・元彧誌
○乘雲者皇

北魏・東堪石室銘
○道暢時乘

東魏·淨智塔銘
○貝葉上乘

東魏·元季聰誌蓋
○魏故司徒千乘李公

東魏·李挺誌

東魏·張瓘誌
○或師範萬乘

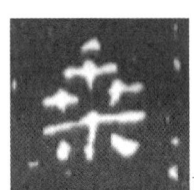

東魏·呂昰誌
○空乘夜舟

西魏·鞏伏龍造像
○住大乘海爲衆尊首

北齊·宋敬業造塔
○乘斯福□

北齊·高淯誌
○照車多乘

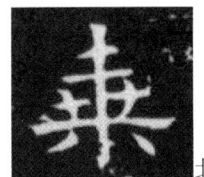

北齊·唐邕刻經記
○四門雜三乘之賓

北齊·傅醜傅聖頭造像
○若非體解三乘

北周·豆盧恩碑
○太祖文皇帝乘時撥亂